CATALOGUE

D'UNE COLLECTION

DE LIVRES ET D'ESTAMPES

SOUS PRESSE :

Catalogue d'une collection de portraits et d'estampes concernant l'histoire de France et tout particulièrement l'histoire de Paris, provenant du cabinet de M. L. R. de L....

Ch. Lahure, imprimeur du Sénat et de la Cour de Cassation (ancienne maison Crapelet), rue de Vaugirard, 9.

CATALOGUE

D'UNE COLLECTION

DE LIVRES ET D'ESTAMPES

CONCERNANT

L'HISTOIRE DE FRANCE

et tout particulièrement

L'HISTOIRE DE PARIS

PROVENANT

DU CABINET DE M. L. R. DE L....

dont la vente aura lieu

LE JEUDI 8 NOVEMBRE ET JOURS SUIVANTS, RUE DES BONS-ENFANTS, N° 28
A 7 HEURES PRÉCISES DU SOIR

par le ministère

DE M° **DUBOURG**, COMMISSAIRE-PRISEUR
SUCCESSEUR DE M° **DUCROCQ**
rue Grange-Batelière, n° 12

PARIS

J. TECHENER, LIBRAIRE

PLACE DU LOUVRE, 20, AU PREMIER

1855

En ouvrant ce volume, les amateurs ne doivent pas s'attendre à y trouver le catalogue d'une bibliothèque complète dans toutes les séries. En effet, ce catalogue renferme seulement la partie la plus importante d'une collection spéciale de livres sur l'histoire civile, politique, ecclésiastique et administrative de *notre bonne ville* de Paris : collection intéressante et fort difficile à réunir, puisque, quelque incomplète qu'elle soit, il n'a pas fallu moins de quinze années de recherches assidues pour la former. Ce ne sont ni les gros livres, ni les grands ouvrages relatifs à l'histoire de Paris, que nous signalerons aux amateurs ; ce sont les brochures, les pamphlets, les libelles, remplis de détails curieux sur les habitants, les mœurs et les événements de Paris.

Nous nous contenterons de citer, pour exemple, les chapitres consacrés aux *Entrées solennelles*, aux *Offices propres des églises de Paris*, aux *Statuts des corporations et des confréries*, etc. Nous pourrions citer encore les charmants exemplaires et les plus rares éditions des *Corrozet* et des *Bonfons ;* mais nous n'avons pas l'intention de faire l'apologie d'une collection réunie par un homme de goût, bien connu des bibliophiles.

ORDRE DE LA VENTE.

1re Vacation. — Jeudi, 8 novembre 1855.
Nos 1 à 173.

2e Vacation. — Vendredi, 9 novembre.
Nos 174 à 323.

3e Vacation. — Samedi, 10 novembre.
Nos 324 à 484.

4e Vacation. — Lundi, 12 novembre.
Nos 485 à 647.

5e Vacation. — Mardi, 13 novembre.
Nos 648 à 804.

6e Vacation. — Mercredi, 14 novembre.
Nos 805 à 997.

7e Vacation. — Jeudi, 15 novembre.
Nos 998 à 1177.

CONDITIONS DE LA VENTE.

5 pour 0/0 payables par les acquéreurs applicables aux frais.

Les livres vendus devront être collationnés sur place, dans les 24 heures de l'adjudication. Passé ce délai, ou une fois sortis de la salle de vente, ils ne seront repris pour aucune cause.

Les articles au-dessous de 12 fr. ne seront admis à rapport que dans le cas où ils seraient incomplets par enlèvement de feuillets ou de portion de feuillet emportant du texte; ils ne seront pas repris pour taches, mouillures, déchirures, piqûres et autres défectuosités.

Nota. Le libraire chargé de la vente remplira les commissions des personnes qui ne pourraient y assister. (*Affranchir.*)

CATALOGUE
DE LIVRES
ANCIENS, RARES ET CURIEUX,
PROVENANT DE LA BIBLIOTHÈQUE

DE M. L. DE L.

THÉOLOGIE ET HISTOIRE DES RELIGIONS.

I. THÉOLOGIE.

1. Écriture sainte; Liturgie; SS. Pères.

1. La Sainte Bible contenant l'Ancien et le Nouveau Testament, trad. en franç. sur la Vulgate, par Le Maistre de Sacy. *Paris*, 1707, 8 vol. in-12, fr. mar. r., fil., tr. d. (*Anc rel.*).

2. Novum Jesu Christi Testamentum Vulgatæ editionis Sixt. V Pont. max. *Parisiis ex typogr. regiâ*, 1649, 2 vol. in-12, front. mar. r., fil. comp., tr. d. (*Anc. rel.*).

3. Le Nouveau Testament de N. S. J. C., trad. en françois selon l'édition Vulgate, avec les différences du grec, par Le Maistre de Sacy. *Mons* (*Amst.*, *Elzev.*),

1667, 2 vol. pet. in-8, fr. mar. ol. dent. doubl. d. mar. r. dent. tr. d.

Bel exemplaire d'ancienne reliure.

4. Codex pseudepigraphus Veteris Testamenti, collectus a Johan. Alberto Fabricio. *Hamburgi*, 1722, 2 vol. pet. in-8, cart.

5. Codex apocryphus Novi Testamenti collectus a Johan.-Alberto Fabricio. *Hamburgi*, 1703, 2 vol. in-8, v. f. (*Arm. de Beauvau, archevêque de Narbonne*).

6. Mémorial religieux et biblique, ou choix de pensées sur la religion et sur l'Écriture sainte, par Gab. Peignot. *Dijon*, 1824, in-18, d. rel.

7. Mémoire sur la version arabe des livres de Moïse à l'usage des Samaritains, et sur les manuscrits de cette version, par Sylvestre de Sacy. *Paris*, in-4, br.

8. Histoire de la Passion de Jésus-Christ composée en 1490 par le R. P. Olivier Maillard, publ. en 1828 comme monument de la langue française au XVe siècle avec une notice sur l'auteur, des notes et une table des matières, par Gabriel Peignot. *Paris*, 1828, gr. in-8, fig. d. rel. mar. r. tr. sup. d. n. rog.

9. Recherches sur la personne de Jésus-Christ, sur celle de Marie et sur sa famille, avec des notes archéologiques et tableaux synoptiques, par Gab. Peignot. *Dijon*, 1829, in-8, d. rel.

10. Traité de la situation du paradis terrestre, par P. Dan. Huet. *Paris*, 1691, in-12, carte, mar. r. fil. tr. d. (*Bel ex. d'anc. rel.*).

11. Dissertation sur la fête de Pâques, par le Sr G. (Guillain). *Imprimé à Dunkerque*, s. d., in-12, br. r.

12. Traité de l'exposition du saint sacrement de l'autel, par J. B. Thiers. *Paris*, 1673, in-12, bas.

13. Traité de l'exposition du saint sacrement de l'au-

tel, par J. B. Thiers. *Paris*, 1679, 2 vol. in-12, fig. v. br.

14. Dissertations ecclésiastiques sur les principaux autels, les jubés et la clôture du chœur des églises, par J. B. Thiers. *Paris*, 1688, in-12, v. gr.

15. Traités des cloches et de la sainteté de l'offrande du pain et du vin aux messes des morts, par J. B. Thiers. *Paris*, 1721, in-12, v. m.

16. Recueil curieux et édifiant sur les cloches de l'Église, avec les cérémonies de leur bénédiction, etc., par dom Remi Carré. *Cologne*, 1757, in-8, v. f. fil. tr. sup. d. (*Muller*).

17. Beati Servati Lupi opera a Steph. Baluzio collecta. *Parisiis*, 1664, in-8, v. gr.

18. D. Fulberti opera varia cum notis et indice per M. Carolum de Villiers. *Parisiis*, 1608, in-8, v. gr.

Exemplaire de Lohier avec sa signature et de nombreuses notes de sa main.

2. Théologiens. — Mahométisme.

19. Exposition des dogmes principaux du christianisme, par l'abbé Martin de Noirlieu. *Paris*, 1853, in-8, d. rel. mar. r. tr. d. (*Riche rel.*).

20. Traité des superstitions qui regardent les sacrements, par Thiers. *Paris*, 1751, 4 vol. in-12, v. m.

21. Traité de l'absolution de l'hérésie, par J. B. Thiers. *Paris*, 1695, in-12, v. gr.

22. L'avocat des pauvres, par J. B. Thiers. *Paris*, 1676, in-12, bas.

23. Traité contre le luxe des coiffures, par l'abbé de Vassets. *Paris*, 1694, in-12, v.

24. Traité des jeux et des divertissements, par J. B. Thiers. *Paris*, 1686, in-12, v. rac.

25. Les pensées de Pascal, suivies d'une nouvelle table analytique. *Paris*, *Lefèvre*, 1826, gr. in-8, pap. vél., br.

Exemplaire lavé et encollé avec soin.

26. Pensées, id., publiées par Victor Cousin. *Paris*, 1843, in-8, d. rel. toile.

27. Lettres écrites à un provincial, par Blaise Pascal, précédées d'un essai sur les Provinciales et sur le style de Pascal. *Paris*, *Lefèvre*, 1824, gr. in-8, pap. vél., br.

Exemplaire lavé et encollé avec soin.

28. — Pensées et Provinciales. *Paris*, *Aimé André*, 1839, 2 vol. gr. in-8, pap. v., rel., n. r., d. d. toile.

29. Petit Carême de Massillon, suivi de sermons et de l'oraison funèbre de Louis XIV. *Paris*, *Lefèvre*, 1826, gr. in-8, pap. vélin, portr., br.

Exemplaire lavé et encollé avec soin.

30. Petit Carême de Massillon, évêque de Clermont. *Paris*, *Didot*, 1812, in-12, pap. vél., d. rel., mar. bleu.

31. Choix d'ouvrages mystiques avec notices littéraires, par J. A. C. Buchon. *Paris*, 1835, gr. in-8, d. rel. v. f.

32. L'Alcoran de Mahomet, trad. de l'arabe par du Ryer. *Amst.*, 1770, 2 vol. in-12, fig. et v. m.

II. HISTOIRE DES RELIGIONS.

Histoire de la religion chrétienne. — Rose-Croix. — Droit canonique.

33. Choix des monuments primitifs de l'Eglise chrétienne avec notices littéraires, par J. A. C. Buchon. *Paris*, 1837, gr. in-8, d. rel. v. f.

34. Histoire abrégée de la conversion de M. Chanteau, par Feuillet. *Paris*, 1703, in-12, v. br.

35. Dissertation sur l'hémine de vin et sur la livre de pain de saint Benoist et des autres anciens religieux, par Claude Lancelot. *Paris*, 1667, in-12, v. gr.

36. Constitutiones canonicorum regularium ordinis S. Augustini, congregationis Gallicanae. *Lut. Par.*, 1772, in-8, mar. r. dent. (*Armoiries*).

37. Figures des différents habits des chanoines réguliers en ce siècle avec un discours sur les habits anciens et modernes des chanoines, tant séculiers que réguliers, par le P. C. du Molinet. *Paris*, 1666, in-4, v.

38. Traité de la clôture des religieuses, par J. B. Thiers. *Paris*, 1681, in-12, bas.

39. Relation de l'établissement de l'Institut des Filles de l'Enfance de Jésus. *Toulouse*, 1689, in-8, v. gr.

40. La vie de saint Ovide, par P. M. (Médard). *Paris*, 1694, in-12, d. rel. v. f.

41. Abrégé de la vie et des vertus du B. Vincent de Paul, par Noiret. *Paris*, 1729, in-12, bas. m.

42. Des processions de l'Eglise; de leurs antiquitez, utilitez et des manières d'y bien assister (par l'abbé Vatar). *Paris*, 1705, in-12, v. gr.

43. Johannis Bapt. Thiers de stola in archidiaconorum visitationibus gestanda à Parœcis, disceptatio. *Parisiis*, 1674, in-12, bas.

44. De historia SS. imaginum et picturarum pro vero earum usu contra abusus. Auctore Joan. Molano. Ejusdem oratio de agnis Dei et alia quædam. Joan. Natalis Paquot recens., illustr., supplevit. *Lovanii*, 1771, in-4, d. rel. v. ant.

45. L'histoire de la robe sans couture de N. S. Jésus-Christ, au monastère des bénédictins d'Argenteuil,

avec un abrégé de l'hist. de ce monastère, par dom Gabriel Gerberon R. B. *Paris*, 1677, in-12, fig., v. br.

46. Histoire de la robe sans couture de N. S. Jésus-Christ révérée au monastère des bénédictins d'Argenteuil, avec un abrégé de l'hist. de ce monastère, par un religieux bénédictin de la congrégation de Saint-Maur (dom Gabriel Gerberon). *Paris*, 1768, in-12, v. gr.

47. Dissertation sur la sainte Larme de Vendôme, avec la réponse à la lettre du P. Mabillon touchant la prétendue sainte Larme, par J. Thiers. *Amst.*, 1751, in-12, v. éc.

48. Lettre d'un bénédictin (dom Mabillon) à Mgr l'évesque de Blois, sur le discernement des anc. reliques, au sujet de la dissertation sur la sainte Larme de Vendôme, par l'abbé Thiers. *Paris*, 1700, fig., bas., lég. piqûre.

49. Mémoires pour servir à l'histoire des égaremens de l'esprit humain, ou Dict. des hérésies, par Pluquet. *Paris*, 1742, 2 vol. pet. in-8, v. m.

50. Histoire des Flagellans parmi les chrétiens, par l'abbé Boileau. *Amst.*, 1732, in-12, v. m.

51. Critique de l'histoire des Flagellans, et justification de l'usage des disciplines volontaires, par J. B. Thiers. *Paris*, 1703, in-12, v. gr.

52. Dictionnaire (analytique) des livres jansénistes, ou qui favorisent le jansénisme (par le P. de Colonia). *Anvers*, 1755, 4 vol. in-12, fig. v. m.

53. Réponse à la bibliothèque janséniste, avec des remarques sur la réfutation des critiques de M. Bayle, etc. (par Osmont du Sellier). *Nanci* (*Paris*), 1740, in-12, v. m.

54. Instruction à la France sur la vérité de l'histoire

des frères de la Rose-Croix, par G. Naudé. *Paris*, 1623, in-8, vél.

55. Institution au droit ecclésiast. par l'abbé Fleury, avec des notes, une table des lois ecclésiast. et un catalogue des principaux livres qui traitent du droit ecclésiast., par Boucher d'Argis. *Paris*, 1767, 2 vol. in-12, v. gr.

56. L'abbé commendataire, par le Sr Des-Bois. *Cologne*, 1673, in-16, vél.

57. Recueil des édits, déclarations et arrests rendus en faveur des curez, vicaires perpétuels, etc., etc. *Paris*, 1700, in-8, v.

58. Histoire des perruques, par J. B. Thiers. *Avignon*, 1777, in-12, v. f. fil.

JURISPRUDENCE.

59. Dissertation sur les cérémonies symboliques usitées dans l'ancienne jurisprudence française. *Paris*, 1828, in-8, d. rel. v. v., fig.

60. Dissertation sur l'origine de la main-morte dans les provinces qui ont composé le premier royaume de Bourgogne, par dom Grappin. *A Besançon*, 1779, in-8, d. rel. v. fin, n. rog.

61. Arrest de la cour de Parlement portant règlement pour les procédures civiles et criminelles. Arrêt des grands-jours à Clermont. *Paris*, 1668, pet. in-12, vél.

62. Factum pour dame Marie-Marguerite d'Aubray, marquise de Brinvilliers, accusée, contre dame Marie-Thérèse Mongot, vefve du sieur d'Aubray, avec le Mémoire du procez extraordinaire contre ladite dame de Brinvilliers. *Paris*, 1676, in-12, v. gr.

63. Essai sur l'histoire des institutions des principaux peuples, par Tailliar. — Etude sur les anciennes théocraties, par le même. *Douai*, 1843, gr. in-8, br.

SCIENCES ET ARTS.

I. SCIENCES PHILOSOPHIQUES, MORALES, PHYSIQUES, MÉDICALES ET MATHÉMATIQUES. — SCIENCES OCCULTES.

64. Principes de logique, suivis de l'histoire et de la biographie de cette science, par le baron de Reiffenberg. *Bruxelles*, 1833, in-8, br.

65. La logique ou l'art de penser (par Ant. Arnauld et P. Nicole). *Amst.* (*Elzev.*), 1675, in-12, vél.

66. Traité du ris, contenant son essence, ses causes et mervelheus effais, par Laur. Joubert. *Paris*, 1579, in-8, 2 portr., v. j., fil. dent.

Livre rare ; un portrait gravé sur bois de l'auteur et un autre de Marguerite de Valois ont été ajoutés. On lit sur la garde une note de M. le marquis du Roure.

67. Gesta Romanorum cum applicationibus moralisatis ac misticis (attrib. à Pierre Berthorius ou Berchorius ou à Helinand). *S. l.*, 1523, pet. in-8, gothiq., v. m.

68. Les essais de Michel de Montaigne. *Paris*, 1598, gr. in-8, fr. gr., mar. bl., tr. d. (*Kœhler*).

Édition qui a suivi celle de 1595, publiée par Mlle de Gournay.

69. Essais de Michel de Montaigne avec les notes de tous les commentateurs. Edition publiée par J. V. Le Clerc. *Paris*, *Lefèvre*, 1826, 5 vol. gr. in-8, pap. vél. portr. br.

Exemplaire lavé et encollé avec soin.

70. Les advis ou les présens de la demoiselle de Gournay.

Paris, 1641, in-4, portr., mar. v., tr. d. (*Duru*). Bel exemplaire.

71. De la sagesse, trois livres par Pierre Charron. *Leide, les Elzeviers*, 1646, pet. in-12, mar. vert, fil., tr. dor. (*Niédrée*).

La plus jolie des trois éditions imprimées par les Elzevirs.

72. Réflexions ou sentences et maximes morales (par le duc de La Rochefoucauld), avec un discours (par Segrais). *Paris*, 1665, in-12, fr. gr., v. f., fil., tr. d.

Édition originale, rare et recherchée.

73. Maximes et réflexions morales du duc de La Rochefoucauld. *Parme, Bodoni*, 1812, in-8., d. rel. mar. v., n. rog. (*Hering et Muller*).

Cette édition, tirée à petit nombre, est remarquable pour ses beaux caractères.

74. Réflexions ou sentences et maximes morales de La Rochefoucauld. *Paris, Lefèvre*, 1827, gr. in-8, pap. vél., portr., br.

Exemplaire lavé et encollé avec soin.

75. Les caractères de Théophraste, traduits du grec, avec les caractères ou les mœurs de ce siècle, par La Bruyère. *Paris, Étienne Michallet*, 1688, in-12, d. rel. v. f., Ire édition.

— IIe édition. *Paris, Ét. Michallet*, 1688, in-12, d. rel. v. f.

— IIIe édition. *Paris, Ét. Michallet*, 1688, in-12, d. rel. v. f.

— IVe édition. *Paris, Ét. Michallet*, 1689, in-12, d. rel. v. f.

— Ve édition. *Paris, Ét. Michallet*, 1690, in-12, d. rel. v. f.

— VIe édition. *Paris, Et. Michallet*, 1691, in-12, d. rel. v. f.

— VIIe édition, *Paris, Ét. Michallet*, 1692, in-12, d. rel. v. f.

— VIIIe édition. *Paris, Et. Michallet*, 1694, in-12, d. rel. v. f.

— IXe édition. *Paris, Et. Michallet*, 1696, in-12, d. rel. v. f.

— X^e édition. *Paris, Ét. Michallet*, 1699, in-12, v. br.

Collection intéressante des dix premières éditions originales, publiées du vivant de La Bruyère.

76. Les Caractères de La Bruyère, suivis des Caractères de Théophraste, trad. du grec par le même. *Paris, Lefèvre*, 1824, 2 vol. gr. in-8, pap. vél., br.

Exemplaire lavé et encollé avec soin.

77. Sentiments critiques sur les Caractères de M. de La Bruyère (par Vigneul Marville) (B. d'Argonne)? *Paris*, in-12, v. gr.

78. Traité contre le luxe des hommes et des femmes et contre le luxe avec lequel on élève les enfants de l'un et de l'autre sexe (par Dupradel). *Paris*, 1705, in-12, v. f., fil., tr. d. (*Kœhler*).

79. Traité contre les masques, par M. Jean Savaron. *Paris*, 1608, pet. in-8, mar. vert, tr. dor. (*Anc. rel.*).

Ce volume contient en outre : Discours abrégé, avec l'ordonnance entière du roy saint Loys contre les duels, par M. Jean Savaron. *Paris*, 1614. — Remontrance au roy contre les duels. *Paris*, 1625. — Phase utriusque fœderis, auctore Claudio Hemeræo. *Parisiis*. — Traitté des confrairies, par Jean Savaron. *Paris*, 1604. — Observation de la digamie, par Jaques Leschassier. *Paris*, 1601.

80. Les règles de la bienséance et de la civilité chrétienne, par M. J. B. de La Salle. *Rouen*, 1729, in-8, vél. (*Car. de civilité*).

81. L'institution de la femme chrestienne tant en son enfance, que mariaige, et viduité avec l'office du mary, composé par Loys Vivez, en latin et trad. en françois par Pierre de Changy. *Paris*, 1545, in-16, mar. r., fil., tr. d., rel. molle (*Armes du marquis de Coislin*).

82. Education des Filles, par l'abbé de Fénelon. *Paris*, 1687, in-12, v. ant., fil. comp. (*Edition originale*).

83. Considérations politiques sur les coups d'Estat, par Gabr. Naudé. *S. L.* (*Holl. Elzevir*), 1667, in-12, vél. (*Bel exempl.*).

84. Critique histor., polit., mor., économ. et comique sur les lotteries anc., modern., spirit. et temporelles des États et des églises par Léti. *Amst.* 1697, 2 t. en 1 vol. in-12, portr., fr., vél.

85. Dissertation sur les lotteries par le P. C. F. M. (le P. Ménestrier). *Lyon*, 1700, in-12, v. f., fil., tr. d.

86. Traité des monnoyes, de leurs circonstances et dépendances, par Jean Boizard. *Paris*, 1692, in-12, v. gr.

87. Recherches sur la valeur des monnoies et sur les prix des grains, avant et après le concile de Francfort (par Dupré de St-Maur). *Paris*, 1762, in-12, br.

88. Considérations sur le commerce et sur l'argent, par Law, trad. de l'angl. *A la Haye*, 1720, in-12, v. m. (*Taché*).

89. Description de l'Univers contenant les différents systèmes du monde, par Allain Manesson Mallet. *Paris*, 1683, 5 vol. in-8, portr., pl. nombr. mar. fil. (*Anc. reliure*).

90. La géométrie pratique, divisée en quatre livres, par Allain Manesson Mallet. *Paris*, 1701, 4 vol. in-8, 500 pl. portr. mar. r., fil., tr. d. (*Armes du Dauphin*).

91. Traités nouveaux et curieux du café, du thé et du chocolat, par Ph. Sylvestre Dufour. *A la Haye*, 1685, pet. in-12, vél.

92. Histoire de la magie en France, depuis le commencement de la monarchie jusqu'à nos jours, par Jules Garinet. *Paris*, 1818, in-8, fig., v. v.

93. Traité sur les apparitions des esprits et sur les vampi-

res, par le R. P. dom Augustin Calmet. *Paris*, 1751, 2 vol. in-12, v. rac.

94. Histoire de la philosophie hermétique, accompagnée d'un catalogue raisonné des écrivains de cette science (par l'abbé Lenglet-Dufresnoy). *Paris*, 1744, 3 vol. in-12, v. m.

II. ARTS.

(BEAUX-ARTS ET ARTS MÉCANIQUES.)

95. Origine et progrès de l'art, études et recherches, par Jeanron. *Paris*, 1849, gr. in-8, d. rel.

96. Discours historiques sur la peinture moderne, par T. B. Émeric-David. *Paris*, 1812, in-8, d. rel. v.

97. Nouveaux sujets de peinture et de sculpture (par M. le C. de Caylus). *Paris*, 1755, in-12, br.

On a réuni quelques pièces analogues, l'Apothéose d'Hercule, Plafond de Versailles, par Lemoine. — Dialogue de Coypel sur l'exposition du Louvre de 1747. — Description sur l'embellissement de Saint-Roch.

98. Des décorations funèbres, par le P. C. F. Ménestrier. *Paris*, 1684, in-8, fig., d. rel. v. ant.

99. Le premier livre d'architecture de Sébastian Serlio, Bolognois, mis en langue françoyse, par Jehan Martin. *Paris*, 1545. — Livre des Temples de Séb. Serlio, trad. par Jan Martin. *Imprimé à Paris*, 1547, pet. in-fol., pl. nomb., vél.

100. Nouvelles inventions pour bien bastir et à petits frais, trouvées naguères par Philibert de Lorme, Lyonnois. *Paris*, 1578, pet. in-fol., fig. nombr., vél.

101. Cours d'architecture qui comprend les ordres de Vignole, avec des commentaires; et ceux de Michel-Ange avec des instructions, préceptes, etc., etc., et l'art

de bastir, par C. A. d'Aviler, architecte. *Paris*, 1738, in-4, fr., fig. nombr., v. m.

102. Représentation des fêtes données par la ville de Strasbourg pour la convalescence du roi Louis XV, à l'arrivée et pendant le séjour de Sa Majesté en cette ville. Inventé, dessiné et dirigé par J. M. Weis, graveur. *Imprimé à Paris*, gr. in-fol., v. m., fil. dent., tr. d. (*Padeloup*).

103. Recueil de fontaines et de puits. 24 planches en un vol. in-4.

Édition originale de Vredeman Vriez; le titre manque.

104. Recueil en feuilles de 15 planches d'ornements *gravés par de la Guertière d'après Raphaël*, in-fol.

105. Vues de différentes villes de l'Europe, par Aveline. 56 pl. in-4 oblong en feuilles.

106. Nancy, Grenoble, la grande Chartreuse, Marseille, etc. Vues par Israel Silvestre et Perelle. 9 pl. en feuilles.

107. Vues de Rome et de différentes villes de l'Italie, par Israël Silvestre, Perelle, L. Meunier, etc. 46 pl. in-4 obl. en feuilles.

108. Vecellio. Degli abiti antichi et moderni di diverse parti del mondo. *Venegia*, 1590, in-8, mar. v., fil., d. tr. d. (*Bozérian*).

Ouvrage recherché à cause des 420 gravures sur bois dont il est orné, gravées d'après les dessins du Titien, parent de l'auteur. Très-bel exemplaire de l'édition originale; de la collection Révoil.

109. Recueil de 282 portraits de Montcornet, en un vol. in-4, v. f., fil.

110. XII fidei apostolicae symbola, iconibus artificiosiss. ab Hadriano Collardo in lucem edita. — VII virtutum theologicarum et cardinalium icones artificiosiss. A Jo. Strad. preformatas Philip. Gallaéus aeneis formis eleganter incidit. — VII peccatorum capitalium elegantiss.,

à Philip. Gallaeo depictae et aeri incisae. 3 fr. 26 fig. In-fol. m. v. entièrement fleurdelisé, tr. d. (*Anc. rel.*).

Très-beau recueil dans cette condition.

111. Les emblèmes de maistre André Alcitat, mis en rime françoyse, et puis naguère réimprimés avec curieuse correction. *Paris*, 1540, in-8, 3 fig. gr. sur bois, mar. r., tr. d.

112. Musée comique, ou toutes sortes de choses en images. *Paris*, s. d., in-fol. br.

113. Fisher's drawing room scrapbook, with poetical illustrations by L. C. L. *S. l.* (1833), in-4, demi-rel. mar. r., tr. d.

114. Wanderings by the Loire by Leitch Ritchie, with twenty-one engravings from drawings by J. M. W. Turner. *London*, 1833, in-8, mar. bl, dent., tr. d. (21 *vignettes*).

115. Galerie des femmes de Shakspeare, collection de 44 portraits gravés par les premiers artistes de Londres, enrichis de notices critiques et littéraires. *Paris*, Delloye, s. d., pet. in-4, rel. en perc.

116. Galerie de Rubens (ou collection de 24 tableaux qui se trouvent au Musée du Luxembourg, concernant le mariage et la régence de Marie de Médicis). *Paris*, 1840, gr. in-fol. cart., portrait.

117. Histoire de l'harmonie au moyen âge, par E. de Coussemaker, correspondant du Comité historique des arts et monuments, etc. *Paris*, 1852, gr. in-4 br.

Orné de 38 planches de fac-simile avec la traduction en musique.

118. Dissertation sur le chant grégorien, par le sieur Nivers, organiste de la chapelle du roy, etc. *Paris*, 1683, in-8, v. br.

119. Théophile, prêtre et moine, essai sur divers arts, publié par le comte Charles de Lescaloppier, précédé

d'une introduction par Marie Guichard. *Paris*, 1843, in-4, demi-rel., n. rog.

120. Dictionnaire raisonné universel des arts et métiers, par l'abbé Jaubert. *Paris*, 1773, 5 vol. in-8, v. f., fil. dent., tr. d.

121. Le Livre du Roy Modus. — S'ensuyt le Livre du Roy Modus et de la Royne Racio, qui parle du déduyt de la chasse à toutes bestes sauvaiges, comme Cerfs, Biches, Daims. Chevreulx, Lièvres, Sangliers, Leus, Regnards et Loutres, avec le stille de Faulconnerie et aussi les subtilitez d'arcerie, contenant plusieurs manières pour prendre toutes sortes d'Oyseaulx, tant à la roys, à la connelle, que à la pipée, et aultres nouvelles choses trouvées pour les prendre, publié par Elzéar Blaze. *Paris*, 1839, gr. in-8, d. rel., v. f.

Imprimé en caractères gothiques à un très-petit nombre d'exemplaires et sur papier de Hollande.

BELLES-LETTRES.

I. LINGUISTIQUE ET RHÉTORIQUE.

122. Theophili Georgi lexicon (lat. et germ.). *Leipzig*, 1742, in-fol., d. rel. vél.

123. Recherches sur les langues celtiques, par W. F. Edwards. *Paris*, 1844, in-8, br.

124. Histoire de la langue des Gaulois et par suite de celle des Bretons, par Dan. L. Miorcec de Kerdanet. *Rennes*, 1821, in-8, br.

125. Project du livre intitulé de la précellence du langage françois, par Henri Estienne. *Paris*, *Mamert*,

Patisson, 1579, in-8, mar. v., fil., tr. d. (*Trautz-Bauzonnet*).

Très-bel exemplaire.

126. Deffense de la langue françoise pour l'inscription de l'Arc de Triomphe, dédié au roy, par Charpentier. *Paris*, 1776, in-12, v. f.

127. De l'excellence de la langue françoise, par Charpentier. *Paris*, 1683, 2 vol. in-8, v. f.

128. Dissertation sur les causes de l'universalité de la langue française et la durée véritable de son empire, par Schwab, trad. par D. Robelet. *Paris*, 1803, in-8, br.

129. Traité de la conformité du langage françois, avec le grec, par Henri Estienne. *S. l. ni d.*, mar. bl., tr. d. (*Duru*).

Très-joli exemplaire de ce livre rare.

130. Traité de la conformité du langage françois, avec le grec, duquel l'auteur est Henri Estienne. *Paris*, 1569, in-8, mar. v., fil., tr. d. (*Trautz-Bauzonnet*).

Très-bel exemplaire.

131. Les étymologies de plusieurs mots françois, par le P. Philippe Labbe. *Paris*, 1661, in-12, v.

132. Mélanges d'origines étymologiques et de questions grammaticales, par Éloi Johanneau. *Paris*, 1818, in-8, br.

133. Jacobi Sylvii Ambiani in linguam Gallicam isagoge, unà cum ejusdem grammatica Latino-Gallica, ex Hebræis, Græcis et Latinis authoribus. *Parisiis*, 1531. — Libro di Giovan. Bapt. Palatino nel qual s'insegna a scriver ogni sorte di lettera, antica, et moderna, di qualunque natione. *Romæ*, 1540, pet. in-4, 2 portr. 1 vol. cart.

134. Les principes du déchiffrement de la langue françoise, par Jacques de Gevry. *Paris*, 1667, pet. in-8, v. br.

135. Traité de la grammaire françoise, par l'abbé Regnier Desmarais. *Paris*, 1706, in-4, v. gr.

136. Les vrais principes de la langue françoise, par l'abbé Girard. *Paris*, 1747, 2 vol. in-8, mar. r., fil., tr. d.

Anc. reliure dorée, par *Dubuisson*.

137. Essai sur les langues en général; sur la langue françoise en particulier, par Sablier. *A Paris*, 1777, in-8, d. rel., v. f., n. rog. (*Muller*).

138. Lettres à M. Naudé touchant les nouvelles remarques sur la langue françoise. *Paris*, 1647, in-8, vél.

139. Observations de l'Académie françoise sur les remarques de M. de Vaugelas. *A la Haye*, 1705, 2 vol. in-12, fr. v. m.

140. Doutes sur la langue françoise, proposés à MM. de l'Académie françoise, par un gentilhomme de province (le P. Bouhours. *A la Haye*, 1674, pet. in-12, v. f., fil., tr. d. (*Bauzonnet*).

141. Opuscules sur la langue françoise, par divers académiciens, l'abbé Dangeau, etc. *Paris*, 1754, in-12, v. m.

142. La déclaration des abus que l'on commet en escrivant, par Honorat Rambaud. *Lyon*, 1578, in-8, v. gr.

Donné par l'autheur à M. Pons, médecin, le 23 septembre 1578. Voyez sur ce livre bizarre et assez curieux le Catalogue de Ch. Nodier.

143. Deux dialogues du nouveau langage françois italianisé (par Henri Estienne). *S. l. ni d.*, in-8, mar. v., tr. d. (*Duru*).

Joli exemplaire d'un livre rare.

144. Les origines de quelques coutumes anciennes et de plusieurs façons de parler triviales, par Moisant de Brieux. *Caen*, 1672, in-12, vél.

145. Des mots à la mode et des nouvelles façons de

parler (par de Callières). *Paris*, 1693, in-12, mar. s. fil., tr. d. (*Anc. rel.*).

146. Du bon et du mauvais usage dans les manières de s'exprimer; des façons de parler bourgeoises et en quoy elles sont différentes de celles de la cour. Suitte des mots à la mode (par de Callières). *Paris*, 1693, in-12, mar. bl., fil., tr. d. (*Bauzonnet*).

Joli exemplaire.

147. L'homme inconnu ou les équivoques de la langue, dédié à Bacha Bilboquet, par Chimerographe (l'abbé Cherier). *Paris*, 1722, in-12, br.

148. Les épithètes de M. de La Porte. *Lyon*, 1602, in-16, v. m.

149. La manière de tourner en langue françoise les verbes actifs, passifs, etc., etc. *Caen*, 1554, in-8, mar. ol. fil., comp., tr. d. (*Muller*).

Livre rare et curieux.

150. Le dictionnaire de l'Académie françoise. *Paris*, 1694, 2 vol. in-fol., fr., gr., d. rel., vél. (1re éd.).

151. Dictionnaire des halles ou extrait du dictionnaire de l'Académie françoise (par Artaud). *Bruxelles* (*Paris*), 1696, in-12, v. f., fil., tr. d.

152. L'enterrement du dictionnaire de l'Académie (par Furetière). *S. l.*, 1697, in-12, fr., d. rel., v. r., titre grav.

153. Dictionnaire néologique à l'usage des beaux esprits (par l'abbé Desfontaines), avec l'éloge historique de Pantalon-Phœbus, etc. (par Bel). *Amst.*, 1731, in-12, v. m.

154. Mémoire sur la langue picarde, par L. A. J. Grégoire d'Essigny, de Roye. *Paris*, 1811, in-8, d. rel. v.

155. Glossaire étymologique et comparatif du patois picard ancien et moderne, précédé de recherches phi-

lologiques et littéraires sur ce dialecte, par l'abbé Jules Corblet. *Paris*, 1851, in-8, d. rel., v. f.

156. Essai sur l'origine et la formation des dialectes du Dauphiné, par Jules Olivier. 1836.—Recherches sur les anciens lexiques, par Pellissier. — Notice sur le lexique roman publié par Raynouard, par le même. — Origines de la langue française, par Paulin Paris, 4 broch.

157. A grammar of the Anglo-Saxon tongue, with a praxis by Erasmus Rask. Translat. from the Danish by B. Thorpe. *Copenhague*, 1830, in-8, br.

158. Alphabet irlandais, précédé d'une notice historique, littér. et typograp., par J. J. Marcel. *Paris*, an XII, in-8, cart. n. rog.

159. De l'art de parler (par le P. Lamy). *Paris* (*Holl. Elzev.*), 1675, in-12, v. j.

160. Exercices de l'esprit pour apprendre l'art de bien parler et de bien écrire, par J. B. Jobard. *Paris*, 1675, in-12, v. br.

161. Oraisons funèbres de Fléchier, suivies des Oraisons funèbres de Turenne, par Mascaron; du prince de Condé, par Bourdaloue. *Paris*, *Lefèvre*, 1826, gr. in-8, pap. vél. br.

Exemplaire lavé et encollé avec soin.

II. POÉSIE.

1. Poëtes latins anciens et modernes.

162. Épigrammes contre Martial, ou les Mille et une drôleries, sottises et platitudes de ses traducteurs (par Eloi Johanneau). *Paris*, 1834, in-8, d. rel., v. f.

Exemplaire interfolié de papier blanc avec des additions et corrections de l'auteur.

163. Cl. Claudianus ex optimorum codicum fide. *Amsterod. apud Guillel. Janssonium*, 1620, pet. in-32, mar. r., fil. dent., tr. d.

164. C. Solli Sidoni Apollinaris Arvernorum episcopi opera ex veteribus libris aucta et emendata J. de Wonweren recensuit et notas adiecit Petri Colvi Brugensis. *Parisiis*, 1598, in-8, mar. v., fil., tr. d.

165. Poésies populaires latines antérieures au XIIe siècle, par Edelestan du Méril. *Paris*, 1843, in-8, br.

166. Poetæ tres elegantissimi. Michael Marullus, Hieron. Angerianus, Joannes Secundus. *Parisiis*, 1582, pet. in-16, mar. r., fil., tr. d. Portr. de Marule ajouté.

167. Jacobi Mosanti Briosii poemata. *Cadomi*, 1663, in-8, mar. r., tr. d. (*Petit*).

168. Mosanti Briosii poemata. *Cadomi*, 1669, pet. in-12, mar. r., fil., tr. d.

169. Johannis Bapt. Santolii selecta carmina. *Parisiis*, 1670, in-8, fig., mar. r., fil., tr. d.

170. Johannis Bapt. Santolii Victorini selecta carmina. *Parisiis*, 1670, in-8, pl., v. f. (*Anc. rel.*).

On a ajouté à cet exemplaire : *Regis pro sva erga vrbis mercatores encomivm*. Parisiis, 1674, fig.

171. Histoire maccaronique de Merlin Coccaie, prototype de Rabelais (par Th. Folengo) avec l'horrible bataille des mouches et des fourmis. *S. l.*, 1734, 2 vol. in-12, v. m., fil.

Ex. de L. S. Auger, avec sa signature.

2. Poëtes français.

A. POÉTIQUE; POÉSIES DIVERSES.

172. L'Art poétique françois (par Th. Sibilet): le Quintil Horatian (par Ch. Fontaine), et Traité de la ponctua-

tion (par Dolet). *Lyon*, 1576, in-16, mar. viol., fil., tr. d. (*Simier*).

173. Cours de poésie sacrée par le docteur Lowth, trad. de lat. en français par F. Royer. *Paris*, 1813, 2 vol. in-8, br.

174. Traité du poëme épique, par le R. P. Le Bossu, sixième édition augmentée de la vie de l'auteur. *La Haye*, 1714, 2 tom. en 1 vol., in-12, mar. r., fil. dent., tr. d. (*Bozérian*).

Joli exemplaire de Labédoyère. La meilleure édition d'un ouvrage estimé.

175. Traitté de la poésie morale et sententieuse, par le sieur Colletet. *Paris*, 1658, in-12, mar. bl., tr. d. (*Duru*).

176. Discours du poëme bucolique, par le sieur Colletet. *Paris*, 1657, in-12, mar. v., tr. d. (*Duru*).

177. Traitté de l'épigramme, par le sieur Colletet. *Paris*, 1658, in-12, mar. br., tr. d. (*Duru*).

178. Traitté du sonnet, par le sieur Colletet. *Paris*, 1658, in-12, mar. r., tr. d. (*Duru*).

179. Dictionnaire des rimes françoises, par Jean Le Fevre, augmenté et corrigé par le Seigneur des Accords. *Paris*, 1587, in-8, vél.

180. Dictionnaire des rimes françoises, selon l'ordre des lettres de l'alphabet, auquel deux traités sont ajoutés, l'un des conjugaisons françoises, l'autre de l'orthographe françoise, etc. (par de La Noue). (*Genève*) 1596, in-8, vél.

181. Les poëtes français depuis le XIIe siècle jusqu'à Malherbe, avec une notice historique et littéraire sur chaque poëte. *Paris*, *Crapelet*, 1824, 6 vol. in-8, v. ant. non rog.

182. Fabliaux ou contes, fables et romans du XIIe et du XIIIe siècle, traduits ou extraits par Legrand d'Aussy.

Paris, 1829, 5 vol. in-8, fig., d. rel., v. ant., tr. sup. d., non rog.

183. Collection des romans des douze pairs. *Paris*, 1833-48, 13 vol. pet. in-8, pap. de Holl., d. rel., mar. viol., non rog.

Li romans de Berte aux Granspiés, publ. par M. Paulin Paris. *Paris*, 1836. — Garin le Loherain, publ. par le même. *Paris*, 1833-35, 2 vol. — Parise la Duchesse, publ. par M. de Martonne. *Paris*, 1836. — La Chanson des Saxons, publ. par Fr. Michel. *Paris*, 1839, 2 vol. — Raoul de Cambrai, publ. par Ed. Le Glay. *Paris*, 1840. — Ogier de Danemarche, par Raimbert de Paris, publ. par M. Barrois. *Paris*, 1842, 2 vol. — La Chanson d'Antioche, publ. par M. P. Paris. *Paris*, 1848, 2 vol. — Le Romancero François, histoire de quelques anciens trouvères, par P. Paris. *Paris*, 1833. — Lais inédits des XIIe et XIIIe siècles, publ. par Fr. Michel. *Paris*, 1836.

Il est difficile de former aujourd'hui un exemplaire complet de cette collection dont les ouvrages publiés séparément, à diverses époques, ont été tirés à un petit nombre.

184. Jongleurs et trouvères, ou choix de saluts, épîtres, rêveries et autres pièces légères des XIIIe et XIVe siècles; publié pour la première fois d'après les manuscrits de la Bibliothèque du roi, par Achille Jubinal. *Paris*, 1835, in-8, d. rel.

185. Trouvères, jongleurs et ménestrels du nord de la France et du midi de la Belgique, par Arthur Dinaux. *Paris*, 1837-1843, 3 vol. gr. in-8, d. rel.

Précieux monuments de la langue et de la poésie françaises au moyen âge.

186. Recueil de tout ce qui reste de poëmes relatifs aux aventures de Tristan, composés en français, en anglo-normand et en grec, dans les XIIe et XIIIe siècles, publiés pour la première fois par Francisque Michel. *Londres, Guill. Pickering*, 1835, 2 vol. in-12, cart. en toile.

187. Le Roman de la Rose, par Guillaume de Lorris et Jehan de Meung; édition revue et corrigée sur les meilleurs et les plus anciens manuscrits, par Méon. *Paris, P. Didot*, 1814, 4 vol. in-8, fig., pap. vél., dos de mar. r., non rog. (*Élég. rel.*).

188. Fables inédites des XIIe, XIIIe et XIVe siècles, et fables de La Fontaine, rapprochées de celles de tous les autres qui avaient, avant lui, traité les mêmes sujets; par A. Robert. *Paris*, 1825, 2 vol. in-8, br., 94 fig. et un portr.

189. Recueil d'actes des XIIe et XIIIe siècles, en langue romane wallonne du nord de la France, publ. avec une introduction et des notes par Tailliar. *Douai*, 1849, gr. in-8, br.

190. Fragments d'épopées romanes du XIIe siècle, trad. et annotés par Edward Le Glay. *Paris*, 1838, in-8, pap. de Holl., d. rel., mar. v.

191. Le Bestiaire divin, de Guillaume, clerc de Normandie, trouvère du XIIIe siècle, publié d'après les manuscrits de la Bibliothèque impériale, avec une introduction sur les bestiaires, volucraires et lapidaires du moyen âge, considérés dans leurs rapports avec la symbolique chrétienne; par C. Hippeau. *Caen*, 1852, in 8, br.

192. Vaux-de-Vire d'Olivier Basselin, poëte normand de la fin du XIVe siècle, suivis d'un choix d'anciens vaux-de-vire, de bacchanales et de chansons, poésies normandes, soit inédites, soit devenues excessivement rares; publ. avec des dissertations, des notes et des variantes par Louis du Bois. *Caen*, *Paris*, 1821, in-8, d. rel., mar. v.

193. Vers de la mort, par Dans Helynand. *S. l.*, 1600, in 8, mar. r., fil., tr. d. (*Koehler*).

194. Le recueil des épîtres d'Ovide translaté en françois o vray ligne pour ligne faisans mencions de cinq loyalles amoureuses qui faisoient complaintes et douloureuses lamentacions pour leurs singuliers amys qui les auoient habandonnez pour autres. C'est à sauoir Zenone pour Paris qui ravit Helaine, Adriane à Theseus, Dido à Enée, Philis à Demophon et Ysiphile au vaillant Jason (trad. par Octavien de Saint-Gelais).

S. l. ni d., in-4 goth. à 2 col., fig. s. bois, v. f., fil. (*anc rel.*) Titre raccommodé.

195. Les œuvres d'Étienne Dolet, imprimeur et libraire à Lyon au XVIe siècle, publiées par Aimé Martin, 2 vol. in-12, pap. de Holl., cart.

Publication tirée à un très-petit nombre d'exemplaires.

196. Epistres morales et familières du Traverseur (par Jehan Bouchet). *Poictiers*, 1545, 2 vol. in-fol., v. f., tr. d.

197. Le testament et épitaphe de maistre Pierre de Quignet (en vers); à la fin : *Cy finist le grāt epitaphe de m^{e} Pierre du Quignet en l'an deux mille vingt et dix in biau pap. blāc à la resqueste de Béatrix*, pet. in-8, de 4 feuilles, mar. bl. (*Koehler*).

Plaquette rarissime provenant de la collection de M. Violet-le-Duc.

198. La muse chrestienne ou recueil de poésies chrestiennes tirées des principaux poëtes françois, avec un discours de l'influence des astres, du destin ou fatalité, de l'interprétation des fables et pluralité des dieux introduits par les poëtes, contenu en l'avant-propos de l'auteur de ce recueil. *Paris*, 1582, in-16, v. m.

199. Les muses ralliées (par le sieur Despinelle). *Paris*, s. d. (*mais vers* 1598), 3 parties in-12, front. cart.

200. Le Parnasse des plus excellents poëtes de ce temps. *Paris*, 1607, 2 vol. in-12, fr. gravé, v. rac. dent.

201. Le séjour des Muses, ou la cresme des bons vers de Ronsard, du Perron, etc., etc. *Rouen*, 1630, in-8, vél.

202. Le cabinet satyrique ou recueil de vers piquants et gaillards par les sieurs de Sigognes, Regnier, etc. *Au mont Parnasse, de l'imprimerie de messer Apollon, l'année satyrique*, 2 vol. in-12, vél., fil., comp.

203. Marguerites de la marguerite des princesses. *Paris*, 1552, in-16, v. fauve antiq., fil. ornem., tr. d. (*Anc. rel.*).

Reliure ancienne. Édition rare.

204. OEuvres poétiques de Mellin de Saint-Gelais. *Lyon*, 1574, pet. in-8, mar. citr., fil., tr. d. (*Rare*).

205. OEuvres poétiques de Mellin de Saint-Gelais (édit. publiée par Gueulette). *Paris*, 1719, in-12, v. gr.

206. OEuvres de Ronsard commentées par Richelet. *Paris*, 1630, 5 vol. pet. in-12, vél. (Bien conservés intérieurement.)

207. Dialogues et devis des damoiselles, pour les rendre vertueuses et bien heureuses en la vraie et parfaicte amitié, par Thierri de Timophile (Fr. d'Amboise) (trad. librement de l'ouvrage italien de Piccolomini, intitulé : Della bella creanza delle donne). *Paris*, 1583, in-16, v. f.

208. Les œuvres de Philippes des Portes, abbé de Thiron. Rouen, 1611, 2 vol. pet. in-12, fr. v. gr.

209. Les œuvres (poétiques) de Bertaut, évêque de Sees, abbé d'Aunay. *Paris*, 1633, in-8, v. mar.

210. Les œuvres de Théophile. *Paris*, 1661, in-12, v. gr.

211. Le Parnasse satyrique du sieur Théophile. *S. l.*, 1625, in-8, mar. r., fil., tr. d. (*Anc. rel.*).

212. Les œuvres de messire François de Malherbe. *Paris*, 1635, in-8, vél.

213. OEuvres choisies de Malherbe avec des notes de tous les commentateurs. Édition publiée par L. Parrelle. *Paris, Lefèvre*, 1825, 2 vol. gr. in-8, pap. vél., br.

Exemplaire lavé et encollé avec soin.

214. Le cabinet des Muses ou nouveau recueil des plus beaux vers de ce temps. *Rouen*, 1619, in-12, v.

215. OEuvres choisies de messieurs Corneille, Benserade, de Scudéry, etc., etc. *Rouen, Paris*, 1660, 5 vol. in-12, fr., v. m. (*Anc. rel.*).

Recueil dit *de Sercy*.

216. Nouveau recueil de pièces choisies en prose et en vers. *Paris*, 1664, in-12, vél.

217. Les Délices de la poésie galante des plus célèbres autheurs de ce temps. *Paris*, 1666, 3 parties en 1 vol. in-12, fr., v. gr., fil. dent.

218. Les œuvres de M. Sarasin. *Paris*, 1685, 2 vol. in-12, d. rel., v. f. (*Bauzonnet*).

219. Les œuvres du sieur de Saint-Amant. *Rouen*, 1649, pet. in-8, mar. r., fil., tr. d.

220. Les épistres en vers et autres œuvres poétiques de M. de Bois-Robert-Metel. *Paris*, 1659, in-8, v. br., fil.

221. Les œuvres de M. de Bouillon (en vers). *Paris*, 1663, in-12, v. gr.

222. Recueil de quelques pièces nouvelles et galantes tant en prose qu'en vers (par Mme de La Suze). *Cologne* (*Holl., Elzev., à la Sphère*), 1667, pet. in-12, mar. r. (*Bauzonnet*).

Joli exemplaire d'un livre rare.

223. Recueil de pièces galantes, en prose et en vers, de Mme la comtesse de La Suze, de Pelisson et de divers autheurs. *Paris*, 1684, 2 vol. in-8, fr., v. br., tr. d., frontisp. (*Edit. orig. rare*).

224. Recueil de pièces galantes en prose et en vers de Mme la comtesse de La Suze, d'une autre dame et de M. Pelisson, augm. de plusieurs élégies. 2 tom. en 1 vol. in-12, vél.

225. Méditations morales et chrétiennes (suivies d'un recueil de poésies par Moisant de Brieux). *Caen*, 1667, pet. in-12, vél.

226. Recueil de pièces en prose et en vers (par Moisant de Brieux). *Caen*, 1671, in-12, vél.

227. Les divertissements de M. D. B. (Moisant de Brieux). *Caen*, 1673, in-12, v. f., fil., tr. d.

228. Poésies diverses d'Ant. Rambouillet de La Sablière et de François de Maucroix, et hommages poétiques à La Fontaine, avec les vies de La Sablière et de Maucroix, des notes et des éclaircissements par C. A. Walckenaër. *Paris*, 1825, in-8, v. f., fil.

229. OEuvres galantes de M. Cotin, tant en vers qu'en prose. *Paris*, 1665, 2 vol. in-12, fr., v. fauve.

230. La ménagerie (par l'abbé Cotin). *S. l. ni d.* (*Hollande*). Pet. in-12, vél.

231. Les œuvres de M. de Benserade. *Paris*, 1698, in-8, fr., vél.

232. OEuvres de Nicolas Boileau-Despréaux, avec des éclaircissements historiques donnés par lui-même. *A la Haye*, 1722, 4 vol. pet. in-12, vél., fig. de Bernard Picart.

Une des meilleures éditions de Boileau.

233. OEuvres de Boileau avec un nouveau commentaire par M. Amar. *Paris*, *Lefèvre*, 1824, 4 vol. gr. in-8, pap. vél., br.

Exemplaire lavé et encollé avec soin.

234. OEuvres complètes de Boileau-Despréaux avec des préliminaires et un commentaire revus et augmentés par Daunou. *Paris*, 1825, 4 vol. in-8, cart. n. rog.

235. Nouvelles remarques sur tous les ouvrages du sieur D*** (Despréaux, par Pradon). — Remarques de grammaire sur Racine par l'abbé d'Olivet. *La Haye* (*Lyon*), 1685; *Paris*, 1738, 2 p. in-12, cart.

236. Recueil des contes du sieur de La Fontaine, les satyres de Boileau et autres pièces curieuses. *Amst.* (*Elzev.*), 1669, pet. in-12, vél.

237. Recueil factice de pièces de 1693 à 1714, in-4, v. m.

Le Triomphe héroïque de la langue françoise sur la langue latine, par de Richesource. *Paris*, 1693. — Satyres contre les Femmes, 1694-95-98. — Le Pour et le Contre du Mariage avec la Critique du sieur Boisleau. *Lille*, 1694. — Le Souverain, ode par de La Motte. *Paris*. — Les Hazards du jeu de l'Hombre. *Paris*, 1699. — Discours et Harangues, etc., etc.

238. Satyres sur les femmes bourgeoises qui se font appeler madame par le chevalier D*** (de Nisart). *A la Haye*, 1713, 2 vol. in-8, fig., v. br.

239. OEuvres poétiques de J. B. Rousseau, avec un commentaire par M. Amar. *Paris, Lefèvre*, 1824, 2 vol. gr. in-8, pap. vél., br.

Exemplaire lavé et encollé avec soin.

240. OEuvres d'Alphonse de Lamartine. *Paris*, 1826, 2 vol. in-8, portr., fig., cart. n. rog.

241. Harmonies poétiques et religieuses par Alphonse de Lamartine. *Paris*, 1830, 2 vol. in-8, cart. n. rog.

B. CHANSONS ; POÉSIES BURLESQUES.

242. Le Parnasse des Muses ou recueil des plus belles chansons à danser. — Le Concert des enfants de Bacchus. *Rouen*, 1631, 3 parties in-12, v. m. (*Arm. de Richelieu*). *Taché*.

243. Recueil des plus beaux vers qui ont esté mis en chant avec le nom des autheurs tant des airs que des paroles. *Paris*, 1661, 2 part. in-12, v. f.

244. Recueil (12) de chansonnettes (notées) de différents autheurs. *Paris*, 1675, in-8, cart., musique.

245. Les airs (et chansons) de Nicolas Fredon à l'Opéra du Pont-Neuf. *S. l. ni d.*, in-8, *ms.*, v. gr.

Manuscrit d'une bonne écriture, d'environ 300 pages.

246. Le nouveau recueil des plus belles chansons et airs

de cour de ce temps. *Rouen*, 1678, in-12, mar. r., fil., tr. d. (*Niédrée*).

Dans le même volume : *Nouveau Recueil de beaux airs de cour et autres Chansons nouvelles.*

247. Recueil des plus belles chansons et airs de cour. *Troyes*, *Paris*, 1714, in-12, v. br.

248. Recueil des plus belles chansons et airs de cour. *Paris, s. d.* (1724), in-12, v. j., fil. dent.

249. Recueil des plus belles chansons et airs de la cour. *Troyes, s. d.* (1725), in-12, mar. r. n. rog. (*Duru*).

Recueil de chansons populaires, formant de nombreux petits cahiers réunis en un volume.

250. Chants et chansons populaires de la France. *Paris*, 1843, 3 vol. gr. in-8, fig. et vign., d. rel., v. ant. n. rog.

251. La petite varlope en vers burlesques, augmentée d'une chanson nouvelle sur le tour de France. *Chalon*, in-16, mar. v., fil., tr. d. (*Koehler*).

Exemplaire Nodier d'un petit livre dont l'extrême rareté est bien connue. Voir : *Description raisonnée d'une jolie collection de livres*, *par Ch. Nodier.*

252. Description de la ville d'Amsterdam en vers burlesques, selon la visite de six jours d'une semaine par Pierre le Jolle. *Amst.*, 1666, in-12, fr., v. m.

3. Poëtes étrangers.

253. The history of English poetry, from the close of the eleventh to the commencement of the eighteenth century, by Thomas Warton. *London*, 1824, 4 vol. in-8, portr. cart., n. rog.

254. Chritmas carols, ancient and modern; also specimens of French provincial carols, with an introduction and notes by William Sandys. *London*, 1833, in-8, rel. en toile.

255. Torrent of Portugal, an English metrical romance,

edit. by James Orchard Halliwell. *London*, 1842, in-8, rel. en toile.

256. The Canterbury tales of Chaucer; with an essay on his language and versification, an introductory discourse, and a glossary by Th. Tyrwhitt. *London*, 1830, 5 vol. in-8, fig., portr., rel. en toile, n. rog.

257. Robin Hood; a collection of all the ancient poems, songs, and ballads, to which are prefixed historical anecdotes of his life, by Joseph Ritson. *London, Pickering*, 1832, 2 vol. in-12, rel. en toile, n. rog.

258. Reliques of ancient English poetry, consisting of old heroic ballads, songs, and other pieces of our earlier poets; together with some few of later date. *London*, 1823, 4 vol. pet. in-8, cart. n. rog.

259. Reliquiae antiquae. Scraps from ancient manuscripts, illustrating chiefly early English literature and the English language, edit. by Thomas Wright, and James Orchard Halliwell. *London, Pickering*, 1841, in-8, vol. 1, mar. ol. et perc.

Lettre autographe de Th. Wright, ajoutée à l'exempl.

260. The poems of Ossian, translated by James Macpherson, esq. *Leipsic*, 1834, gr. in-8, cart.

III. POÉSIE DRAMATIQUE.

261. Comédiens. Arrest du conseil d'Etat du roi, lettres patentes, acte de société et règlemens concernant les comédiens françois. *Paris*, 1761, in-8, mar. v. fil., tr. d. (*Aux armes*).

262. Règlement pour les comédiens françois ordinaires du roi. *De l'imprim. de C. Ballard*, 1781, in-8, v. m.

263. Anecdotes dramatiques (par Clément et l'abbé de La Porte). *Paris*, 1775, 3 vol. in-8, v. f., fil., dent., tr. d. (*Bozérian jeune*).

264. Hilarii versus et ludi. *Lutetiæ Parisior.*, 1838, in-8, d. rel., non rogné.

Publication intéressante faite par M. Champollion, d'après un manuscrit du XIIe siècle, de la bibliothèque Rosny. Ce recueil, en latin, contient trois mystères, etc.; quelques passages de ces pièces sont en français. Exemplaire en *grand papier vélin*.

265. Maître Pierre Pathelin, le testament de maistre Pierre Pathelin, le nouveau Pathelin à 3 personnages. 1 vol. pet. in-8, gothique, mar. r. (*Anc. rel.*).

Cette rare édition, sans lieu ni date, sans nom d'imprimeur, paraît avoir été imprimée avec les caractères de J. Bonfons; elle est curieuse et fort rare comme les éditions anciennes de la farce de Pathelin. L'exemplaire est court de marges; plusieurs feuillets sont atteints; il a aussi différents raccommodages.

266. Le répertoire de toutes les pièces restées au Théâtre-François, avec la date, le nombre des représentations, et les noms des auteurs et acteurs vivants, par de Mouhy. *Paris*, 1753, in-16, obl. v. m.

267. La Céciliade, ou martyre sanglant de sainte Cécile, par N. Soret, avec les chœurs en musique, par Abraham Blondet. *Paris*, 1606, in-8, v. f. (*Court*).

268. Les œuvres diverses de M. de Cyrano Bergerac. *Amst.*, 1710, 2 vol. in-8, portr., fig., v. br.

269. La comédie des Tuilleries par les cinq autheurs. —L'aveugle de Smyrne par les cinq autheurs. *Paris*, 1638, in-4, v. rac. fil.

270. OEuvres de P. Corneille, avec les notes de tous les commentateurs. *Paris*, *Lefèvre*, 1824, 12 vol. gr. in-8, pap. vél., portr., br.

Exemplaire lavé et encollé avec soin.

271. Dissertation concernant le poëme dramatique en forme de remarques sur la tragédie de M. Corneille, intitulée OEdipe et de response à ses calomnies. *Paris*, 1663, in-12, vél.

272. Commentaires sur le théâtre de Pierre Corneille et autres morceaux intéressants, etc. *S. l.*, 1764, 4 vol. in-12, v. gr. fil.

273. OEuvres de Racine. *Paris*, 1697, 2 vol. in-12, fr., v. f., fil., tr. d. (*Petit.*)

Dernière édition donnée du vivant de l'auteur.

274. OEuvres complètes de J. Racine, avec les notes de tous les commentateurs. 4e édition publiée par L. Aimé Martin. *Paris*, *Lefèvre*, 1825, 7 vol. gr. in-8, pap. vél., br.

Exemplaire lavé et encollé avec soin.

275. Remarques de l'abbé d'Olivet sur Racine, savoir : Remarques de grammaire sur Racine, par l'abbé d'Olivet. *Paris*, 1738. — Racine vengé, ou examen des remarques grammaticales de l'abbé d'Olivet sur les œuvres de Racine. *Avignon*, 1739. — Observations critiques à l'occasion des remarques de grammaire sur Racine, de l'abbé d'Olivet, par M. S. de S. (M. Soubeiran de Scopon). *Paris*, 1738. — Traité de la prosodie françoise, par l'abbé d'Olivet. *Paris*, 1736, in-12, v. f. fil. tr. d. (*Niédrée*).

Ce recueil d'ouvrages de l'abbé d'Olivet est annoté par Louis Racine. On lit sur la garde la note autographe suivante : « Exemplaire de Louis Racine, avec quelques notes de sa main.

« Cet exemplaire appartenait à mon pauvre ami le docteur Bailly qui me l'a légué en mourant.

« L. Aimé Martin. »

276. Recueil de dissertations sur plusieurs tragédies de Corneille et de Racine (publ. par l'abbé Granet). *Paris*, 1740, 2 vol. in-12, v. f.

277. Les œuvres de M. de Molière. *Paris*, 1682, 8 vol. in-12, fig., v., br.

Première édition complète des OEuvres de Molière.

278. OEuvres complètes de Molière avec les notes de tous les commentateurs. Edition publiée par L. Aimé Martin. *Paris*, *Lefèvre*, 1824, 8 vol. gr. in-8, pap. vél., portr., br.

Exemplaire lavé et encollé avec soin.

279. Le festin de Pierre, comédie par J. B. P. de

Molière. *Brusselles*, 1694, in-12, fig., mar. r., fil., doublé de mar. r. dent. tr. d. (*Niédrée*).

280. Le Portrait du peintre, ou la contre-critique de l'Ecole des femmes, par Boursault. *Paris*, 1663, in-12, vél.

281. Le Martyre de saint Gervais, poëme dramatique, par M. de Cheffavlt. *Paris*, 1670, pet. in-12, vél.

282. Les OEuvres de M. de Champmeslé. *Paris*, 1702, p. in-8, v. gr. (1re édit. des OEuvres).

283. Le Parisien, comédie (par le Sr. de Champmeslé). *Paris*, 1683, in-12, vél., *éd. originale*.

284. Les OEuvres de M. de Palaprat. *Paris*, 1735, in-12, v. j., fil.

285. OEuvres de Crébillon, avec les notes de tous les commentateurs. Edition publiée par M. Parrelle. *Paris*, *Lefèvre*, 1828, 2 vol. gr. in-8, pap. vél., br.
Exemplaire lavé et encollé avec soin.

286. Early mysteries and other Latin poems of the twelfth and thirteenth centuries; edit. by Thomas Wright. *London*, 1838, in-8, perc.

IV. FICTIONS EN PROSE

1. Romans, Contes et Nouvelles.

287. Corps d'extraits de romans de chevalerie, par le C. de Tressan. *Paris*, 1782, 4 vol. in-12, v. f., fil.

288. L'Histoire des nobles prouesses et vaillances de Gallien restauré. *Troyes*, s. d. — L'histoire de Valentin et Orson. *Troyes*, 17.... — Histoire des Quatre Fils Aymon (IIIe part.). *Troyes*, s. d., in-4, cart.

289. L'Histoire des nobles prouesses et vaillances de Gallien restauré. *Troyes*, s. d., in-4, mar. bl. dent.

290. Histoire de très-noble et chevaleureux prince Gérard, comte de Nevers et de la princesse Euriant de

Savoye, sa mye (par Gibert de Montreuil), ouvrage enrichi de notes histor. et crit. (par Gueullette). *Paris*, s. d., in-8, v. m.

291. L'Histoire et plaisante chronicque du petit Jehan de Saintré, etc. (par Ant. de La Salle), avec des notes (par T. Gueullette). *Paris*, 1724, 3 vol. in-12, v. gr.

292. Le Roman de Mélusine, par M. L. M. D. M. *Paris*, 1637, pet. in-8, v. m., fil. (*Arm. de Montmorency-Luxembourg*).

293. Histoire de Mélusine tirée des chroniques de Poitou (par Fr. Nodot). *Paris*, 1698, in-12, v. j., fil.

294. L'Histoire de Mélusine (par Fr. Nodot). *Troyes*, 1699, in-4, fig., d. rel. bas.

295. Histoire de Mélusine, princesse de Lusignan et de ses fils. Id. de Geofroy a la grant dent (publ. par Fr. Nodot). *Paris*, 1700, 2 vol. in-12, fr., v. f., fil., tr. d.

296. Livre du très chevalereux comte d'Artois et de sa femme, fille du comte de Boulogne, publié d'après les manuscrits pour la première fois par J. Barrois. *Paris. Crapelet*, in-4, d.-rel., non rogné, orné de 28 pl. gravées avec grand soin ; *fac-simile* du manuscrit, précédé d'une introd. historique et littéraire.

Cet ouvrage n'a été tiré qu'à un petit nombre d'exemplaire ; il est imprimé en lettres gothiques d'une charmante exécution.

297. Le Romant des chevaliers de la Gloire, par François de Rosset. *Paris*, 1612, in-4, v., d.-rel.

298. Le Roman du roi Flore et de la belle Jeanne, publ. pour la première fois d'après un manuscrit de la Biblioth. royale, par Francisque Michel. *Paris*, 1838, in-12, cart., pap. de Holl., n. rog.

Tiré à petit nombre et rare.

299. Traicté des deux Amans. C'est assauoir Guisgard et la belle Sigismond. Tancredus, prince des Solernitiens. *Aix, Pontier*, 1834, p. in-8, br.

Tiré à 40 exemplaires. Annexe de la collection de Caron et Montaran.

300. Les Avantures de Télémaque, par Fénelon. *Rotterd.* 1719, in-8, fig., portr., mar. r., fil., tr. d. (*Anc. rel.*) Une légère tache.

301. OEuvre de François Rabelais, avec la prognostication pantagrueline. *S. l.*, 1732, 6 vol. in-8, fr., fig., mar. r., fil., tr. d. (*Padeloup.*)

Très-bel exemplaire en grand papier.

302. Le Rabelais moderne ou les œuvres de François Rabelais mises à la portée de la plupart des lecteurs (par l'abbé de Marsy). *Amst.*, 1752, 6 vol. in-8, v. f.

303. OEuvres de F. Rabelais (édition publiée par M. L'Aulnay). *Paris, L. Janet*, 1823, 3 vol. in-8, d. rel. mar. rouge, n. rog.

304. OEuvres de Rabelais (traduit en allemand). *Leipzig*, 1832-39-41, 3 vol. in-8, portr., cart., n. rog.

305. Jugement et nouvelles observations sur les œuvres de Fr. Rabelais, ou le véritable Rabelais réformé (par Jean Bernier). *Paris*, 1697, in-12, v. m.

306. Histoire de Barlaam et de Josaphat, roy des Indes, composée par S. Jean Damascene et trad. par F. Jean de Billy. *Paris*, 1574, in-8, vél.

307. Aelius Seianus. Histoire romaine recueillie de divers autheurs par Matthieu, suivie de l'hist. des prosperitez malheureuses d'une femme Cathenoise. *Paris*, 1617, pet. in-8, fil., vél.

308. Le Roman bourgeois, ouvrage comique par Furetière. *Paris*, 1666, in-8, fr., v. br.

309. Histoire de Gil-Blas de Santillane, par Le Sage, avec des notes histor. et litt. par François de Neufchâteau. *Paris, Lefèvre*, 1825, 3 vol. gr. in-8, pap. vél., br.

Exemplaire lavé et encollé avec soin de la collection Lefèvre.

310. Lettres amoureuses de la dame Lescombat et du sieur Mongeot, ou l'histoire de leurs criminels amours. *Paris, Rouen*, 1755, in-12, cart., n. rog.

311. Margot la Ravaudeuse, par M. de M*** (Fougeret de Monbron). *Hambourg*, 1800, in-8, fig., d. rel., v. v., n. rog. (*Koehler*).

312. L'Heptameron ou histoires des amans fortunés, des nouvelles de Marguerite de Valois ; remis en son vray ordre par Claude Gruget. *Rouen*, 1598, in-12, v. m., tr. d.

313. L'Heptameron ou histoires des amans fortunez, des nouvelles de Marguerite de Valois, par Claude Gruget. *Paris*, 1607, in-12, mar. v., fil., tr. d.

314. Contes et nouvelles de Marguerite de Valois, reine de Navarre. *Amsterdam*, 1698, 2 vol. in-12, figures de Romain de Hooghe, d. rel. (*Bauzonnet*).

Bel exemplaire, très-beau d'épreuves.

315. Heptameron françois, nouvelles de Marguerite, reine de Navarre. *Berne*, 1780, 3 vol. in-8, pap. de Holl., fig. de Freudenberg, culs-de-lampe et vignettes, veau fauve, fil., n. rog. (*Niédrée*).

Très-bel exemplaire.

316. Les Contes et discours d'Eutrapel, par Noël du Fail, seigneur de La Herissaye. *S. L.*, 1732, 2 vol. in-12, v. j.

317. Li reali di Francia nei quali si contiene la generazione degli Imperadori, Re, Principi, Baroni e Paladini con la bellissima historia di Buovo di Antona. *Venezia*, 1821, in-8, pap. fort, d. rel., v. f., non rog.

318. Contes et nouvelles de Bocace, traduction libre. *Amsterdam*, *Gallet*, 1698, 2 vol. in-12, front. gr. et figures de Romain de Hooghe, d. rel. (*Bauzonnet*).

Bel exemplaire grand de marges et bon d'épreuves.

319. Carcel de Amor, compuesto por Diego de Sant Pedro. *Çaragoça*, 1523, goth. — Histoire contenant les grandes prouesses, vaillances et heroiques faicts d'armes de Lancelot du Lac. *Lyon*, 1591, 2 part., un in-8, fig., v. br. (*Les deux piqués de vers.*)

320. Histoire des avantures de Fortunatus avec sa bourse et son chapeau. *Troyes*, s. d., in-8, v. ant., fil., tr. d.

321. OEuvres de Walter Scott, traduction de Defauconpret. *Paris*, *Furne et Gosselin*, 1835, 30 vol. in-8, d. rel. v. f. (*Bauzonnet*).

2. Facéties ; Dissertations singulières.

322. Poggii Florentini facetiarum libellus unicus. *Londini*, 1798 ; 2 t. en un vol. in-18, mar. v. tr. d.

323. Sermon pour la consolation des cocus, suivi de plusieurs autres, comme celui du curé de Colignac, prononcé le jour des Rois ; celui du R. P. Zorobabel, capucin. *Amboise*, *J. Coucou*, 1751.—Le Cocu consolateur, l'*an du cocuage*, 1810, in-12, broché, non rogné.

324. Sermon ioyeulx de monsieur Sainct-Haren, pet. in-8, goth. de 4 ff.

Réimpression fac-simile à 60 exemplaires.

325. Les Bigarrures et Touches du Sr. des Accords, avec les Apophtegmes du Sr. Gaulard et les Escraignes dijonnoises. *Rouen*, 1640, p. in-8, mar. r., fil., tr. d. (*Anc. rel*).

Exemplaire de Gouge de Longuemarre.

326. Le Moyen de parvenir, œuvre contenant la raison de tout ce qui a été, est et sera (par Béroalde de Verville), *s. l.*, *imprimé cette année*, in-12, mar. r., fil., comp., tr. d.

Édition RARE ; sur le titre la signature de Robert Gordone.

327. Les OEuvres du comte de Permission. *S. l. ni d.* Pet. in-12, fig., mar. v., fil., tr. d. (*Anc. rel.*).

Livre singulier et fort rare, composé de livrets factices formant des recueils plus ou moins considérables. Celui-ci en a 93.

328. Dernières œuvres de Bernard de Bluet d'Arberes,

comte de Permission. *Paris*, 1605, in-12, fig., v. j., fil., tr. d.

34 pièces.

329. Le tombeau et testament du feu comte de Permission, dédié à l'ombre du prince de Mandou, par ceux de la vieille académie. *Paris*, 1606, in-8, v. m.

Facétie des plus rares.

330. Recueil des caquets de l'accouchée. En un vol. pet. in-8, mar. v., dent., tr. d. (*Thompson*).

Éditions originales, savoir : Le Caquet de l'Accouchée, 1622 ; 24 pp. — La seconde après-disnée du Caquet de l'Accouchée, 1622 ; 32 pp. — La troisième après-disnée du Caquet de l'Accouchée, 1622 ; 32 pp. — — La Réponse aux Trois Caquets de l'Accouchée, 1622 ; 16 pp. — Le Relèvement de l'Accouchée. *Paris*, 1622 ; 16 pp. — L'Anti-Caquet de l'Accouchée, 1622 ; 14 pp. — Les dernières parolles ou le dernier adieu de l'Accouchée ; ensemble ce qui s'est passé en la dernière visite et quatrième après-disnée des dames et bourgeoises de Paris. *Paris*, 1622, 16 pp. — Les Essais de Mathurine, 15 pp.

331. Plaisant contract de mariage passé nouuellement à Avbervilliers, le 35 de feurier mil trois cent trente trois, entre Nicolas-Grand-Jean et Gvillemette Ventrve. Ensuite le festin dudict mariage apresté à la pleine de Long-Boyau, le 3 mars ensuiuant, avec l'inuentaire des biens de feu Taupin Ventrv. *Paris*, 1627, pet. in-8, br.

Réimpression à 50 exemplaires.

332. Le facecieux réveille-matin des esprits mélancoliques ou remède préservatif contre les tristes. *Rouen*, 1639, in-12, v. f., fil.

333. Recueil dans une couverture en maroquin rouge (*Aux armes de M. de La Reynie, lieutenant de police*).

Le Talisman de saint François, conte (en vers). — Le Tabac en bouteille, pièce en vers. — Astaroth et Quillain, conte en vers, ms. — Vers envoyés à Mme la comtesse d'Agennois au duc de Saint-Aignan, ms. — L'Apologie des Femmes par M. P. (Perrault). *Paris*, 1694. — Satyre contre les Maris, par R. T. D. F. (Regnard, trésorier de France). *Paris*, 1694. — Les Petits Maîtres, satire. *Paris*, 1694. — Le Cabaretier trompé dans son attente, satire nouvelle. *Paris*, 1711.

334. Recueil de diverses pièces comiques, gaillardes et

amoureuses. *Suiv. la copie imprimée à Paris (Holl. Elzev.)*, 1671, in-12, mar. v., fil., dent., tr. d. (*Duru*).

Un des plus rares volumes de la collection Elzévirienne. Charmante reliure.

335. Combat de Cirano de Bergerac avec le singe de Brioché au bout du Pont-Neuf. *Paris*, 1704, in-8, mar. viol., fil. dent. comp., tr. d.

336. Récit véritable de l'honnête réception d'un maistre savetier, ensuite le festin, la fameuse harangue et l'arrivée du brave Toulousain et le devoir des compagnons de la petite manique. *Troyes et Paris*, 1705, pet. in-8, d. rel., v. noir, n. rog.

337. Les Manteaux (par de Caylus). *A la Haye*, 1746, —Naziraddolé et Zelica (par Crébillon fils). *Amst.*, 1746, in-12, fig., v. gr.

De la bibliothèque du duc de Valentinois. Notes de sa main.

338. Facéties du vicomte de Mirabeau. *A Cote-Rôtie, de l'impr. de Boivin*, 2 part. en un vol. in-12, fig., veau fauve, fil., tr. d. (*Niédrée*).

Recueil plein de verve, d'esprit et de gaieté.

« Qu'un ample déjeuné
Longtemps nous tienne à table, et s'unisse au dîné. »

339. L'Éloge de la Folie, par Erasme, trad. par Gueudeville, avec les notes de Gérard Listre et fig. de Holbein. *Amst.*, 1728, pet. in-8, v. ant., fil.

340. Essai histor., crit., philolog., polit., moral, litt., et galant sur les lanternes, leur origine, etc., etc. (par Dreux du Radier, le médecin Le Camus, l'abbé Le Beuf et Jamet le jeune). *Dôle (Paris)*, 1755, in-12, v. j.

341. Le Fort inexpugnable de l'honneur du sexe feminin, construit par Fr. nçoys de Billon. *Paris*, 1555, in-4, portr., fig., v. f., qq. taches et piqué.

342. De la beauté. Discours divers avec la Paulegraphie, etc., par Gabriel de Minut. *Lyon*, 1587, pet. in-8, v., fil., tr. d. (*J. Moreau*).

On a enlevé et coupé à cet exemplaire plusieurs passages qui font lacune dans le texte.

343. Défenses du beau-sexe ou Mémoires histor., philosoph. et crit., pour servir d'apologie aux femmes (par D. Caffiaux). *Amst.*, 1753, 4 vol. in-12, fr., v. f., fil., tr. sup. d., n. rog. *(Koehler)*.

344. Les Quinze joyes du mariage, ouvrage très-ancien auquel on a joint le Blason des fausses amours, le Loyer des folles amours et le Triomphe des Muses contre amour. *A la Haye*, 1726, in-12, mar. v., fil., tr. d. (*Derome*).

345. Livre d'Amour ou Folastreries du vieux temps. *S. l. ni d.*, in-12, fig. color., mar. r., fil., dent., tr. d.

346. Capricciosi et piaceuoli ragionamenti di Pietro Aretino. *Stampati in Cosmopoli*, (*Elzev.*), 1660; pet. in-8, mar. vert, fil., tr. d. (*Anc. rel.*).

On a, sur les marges, écrit l'explication en français des mots les plus difficiles. Cet exemplaire a appartenu à Evrard de Jouy, conseiller au parlement de Saumur, et on lit sur le dos de la reliure le titre de : *Manière de bien penser*.

V. PHILOLOGIE.

1. Traités, Mélanges, Satires, Bons mots, Pensées, Emblèmes.

347. H. Grotii et aliorum dissertationes de studiis instituendis. *Amst., apud Lud. Elzev.*, 1645, in-12, fr., v. m., fil.

348. La manière de bien penser dans les ouvrages d'esprit (par le P. Bouhours), *suivant la copie à Amst.*, 1688, pet. in-12, v. mar., v. fil., tr. d. (*Derome*).

349. Mélanges de littérature, d'histoire et de philosophie (par d'Alembert). *Leide*, 1783, 5 vol. in-12, d. rel., v. gr.

350. Mélanges d'histoire et de littérature, etc., tirés d'un portefeuille (publ. par Craufurd, Écossais). S. l., 1809, in-4, d. rel. toile, non rog.

Tiré à petit nombre; et avec envoi à Mlle de Ségur.

351. Amusements philologiques, ou variétés en tous

genres, par Gab. Peignot. *Dijon*, 1842, in-8, d. rel. v. f.

Recueil singulier qui traite une foule de questions utiles, curieuses et piquantes. Cette *troisième édition est considérablement augmentée.*

352. Mélanges de littérature et de critique, par Ch. Nodier. *Paris*, 1820, 2 vol. in-8, d. rel. v. f.

353. Bonaventure Desperriers, Cirano de Bergerac, par M. Ch. Nodier. *Paris*, 1841, in-8, d. rel., v., n. rog., pap. de Holl.

354. Observations morales, critiques et politiques, par Adrien Destailleurs. *Paris*, 1830, in-8, v. viol., fil.

355. Essai sur les écrits politiques de Christine de Pisan, suivi d'une notice littéraire et de pièces inédites, par Raimond Thomassy. *Paris*, 1838, in 8, d. rel. v. f., n. rog.

356. Epistolarum obscurorum virorum ad D. M. Ortuinum Gratium volumina II (auctoribus Ulrico de Hutten, Reuchlin, Buschio et aliis), accedunt Epistola Benedicti Passavantii (Theod. Bezæ) ad P. Lysetum, et la Complainte de P. Lyset sur le trépas de son feu nez. *Londini*, 1702, p. in-8, d. rel., v. v., n. rog.

Voir la *Revue Britannique* du mois de septembre 1831, pag. 81 et suivantes.

357. Cymbalum mundi, ou Dialogues satyriques, par Bonaventure des Periers, avec une lettre critique par Prosp. Marchand. *Amst. et Leipzig*, 1753, in-12, fr., fig., v. gr., fil.

358. L'Introduction au Traité de la conformité des merveilles anciennes avec les modernes, par Henri Estienne. S. l., 1566, in-8, v. f., fil., doublé de v. f. dent. (Ex. à toutes marges).

359. Apologie pour Hérodote, ou Traité de la conformité des merveilles anciennes avec les modernes, par Henri Estienne, avec des remarques par Le Duchat. 3 vol. p. in-8, fig., mar. r., fil., tr. d. (*Anc. rel.*).

360. Le grand Dictionnaire historique des prétieuses,

par le sieur de Somaize. *Paris*, 1661, 2 vol. pet. in-8, d. rel. toile.

On a ajouté la clef, mais un peu plus courte de marge.

361. Des bons mots et des bons contes, de leur usage, de la raillerie des anciens, de la raillerie et des railleurs de notre temps, par de Callières. *Paris*, 1692, in-12, v. rac.

362. Pensées ingénieuses des anciens et des modernes (publ. par le P. Bouhours). *Paris*, 1734, in-12, v. f., fil., tr. d.

363. La philosophie des images, par le P. C. F. Menestrier. *Paris*, 1682, 2 vol. in-8, v. f., fil., tr. d. (*Trautz-Bauzonnet*).

364. La Philosophie des images enigmatiques, par le P. Cl. François Menestrier. *Lyon*, 1694, in-12, fig., d. rel. v. ant.

365. Predicatoriana ou Révélations singulières et amusantes sur les prédicateurs, entremêlées d'extraits piquants des sermons bizarres, burlesques et facétieux, prêchés tant en France qu'à l'étranger, notamment dans les xve, xvie et xviie siècles, suivies de quelques mélanges curieux, avec notes et tables, par G. P. Philomneste (Gabriel Peignot). *Dijon*, 1841, in-8, d. rel.

366. Martonne. Notice biographique et littéraire sur J. B. B. de Roquefort. *Paris*, 1844, br. in-8 de 48 pages.

Brochure tirée à très-petit nombre pour être jointe au *Glossaire de la langue romane* de cet auteur.

2. Dialogues et Entretiens. — Épistolaires.

367. Des. Erasmi Dialogus Ciceronianus, sive de optimo genere dicendi. *Lugd. Bat.*, 1643, pet. in-12, v. j.

368. Desid. Erasmi Colloquia familiaria ex recensione et cum notis perpetuis Petri Rabi. Accedunt ejusdem Erasmi Conflictus Thiliæ et Barbariei, Apologia et utili-

tas Colloquiorum, necnon Laus Morias. *Ulmæ*, 1747, in-8, fr. et fig., v. f.

369. Les Colloques d'Erasme, trad. par Gueudeville. *Leide*, 1720, 6 t. en 5 vol. pet. in-8, fr., fig., à mi-pages, v. f.

370. Hexameron rustique, ou les Six journées passées à la campagne entre des personnes studieuses, par La Mothe Le Vayer. *Amst.*, 1715, pet. in-12, v. gr.

371. Conversations de l'académie de l'abbé Bourdelot, le tout recueilly par le sieur Le Gallois. *Paris*, 1672, in-12, v. gr.

372. Conversations nouvelles sur divers sujets (par Mlle de Scudéri). *Paris*, 1684, 2 vol. p. in-8, fig., v. br. (*Une piqûre au second vol.*).

373. Les Conversations sur divers sujets, par Mlle de Scudery. *Amst.*, 1685, 2 part., vol. pet. in-12, fr., vélin.

374. Les Entretiens d'Ariste et d'Eugène (par le P. Bouhours), édition où les mots des devises sont expliqués. *Paris*, 1683, in-12, fr., mar. v., tr. d. (*Anc. rel.*).

375. Modèles de conversations pour les personnes polies, par l'abbé de Bellegarde. *Amst.*, 1702, in-12, vél.

376. Jacobi Mosanti Briosii Epistolæ. *Cadomi*, 1670, in-8, vél. (*Bien conservé*).

377. Epistres françoises des personnages illustres et doctes, mises en lumière par Jaques de Renes. *Harderwyck*, 1624, in-8, mar. r., fil., tr. d.

Ex. de Ch. Nodier, avec sa signature et note de sa main.

378. Les Lettres d'Estienne Pasquier. *Arras*, 1598, 1656, pet. in-12, br. rog.

379. Lettres choisies du sieur de Balzac. *Amst.*, *Elzev.*, pet. in-12, fr., v. gr.

380. Lettres de Marie Rabutin-Chantal, marquise de

Sévigné, à Mme la comtesse de Grignan sa fille. S. l., 1726, 2 t. en 1 vol. in-12, v. f.

Cette édition est regardée comme la première des éditions originales de Mme de Sévigné.

381. Recueil des lettres de Mme la marquise de Sévigné à Mme la comtesse de Grignan sa fille. *Paris*, 1734-37, 6 vol. in-12, v. f.

382. Lettres nouvelles ou nouvellement recouvrées de la marquise de Sévigné et de la marquise de Simiane, sa petite-fille. *Paris*, 1734, in-12, v. m.

383. Lettres de Mme de Sévigné, édition publiée par de Monmerqué. *Paris, Blaise*, 1818, 10 vol. in-8. —Mém. de Coulange, 1 vol.—Recueil de portraits et figures, 1 vol., ensemble 12 vol. in-8, d. rel., v. f., n. rog.

384. Lettres de Mlle Aïssé à Mme Calandrini, 5e édition, revue et annotée par M. Ravenel, et précédée d'une notice par Sainte-Beuve. In-12, portr., d. rel. v. fauve.

Un des vingt exemplaires tirés sur papier de Hollande.

385. Lettres philosophiques, politiques et littéraires, par Fr. Grille. *Paris*, 1851, 1 vol. in-8.

Brochures publiées séparément et réunies en un vol.

386. Lettres de Bussy-Rabutin. *Amst.*, 1731, 6 vol. pet. in-8, vélin.

VI. POLYGRAPHIE.

387. OEuvres choisies d'Etienne Pasquier, accompagnées de notes et d'une étude sur sa vie et sur ses ouvrages par Léon Feugère. *Paris*, 1849, 2 vol. in-8, d. rel. mar. r., tr. d. (*Riche reliure*).

388. Les OEuvres diverses du sieur de Balzac. *Amst., chez Dan. Elzev.*, 1664, pet. in-12, fr. gr., v. gr.

389. Socrate chrétien, par le sieur de Balzac, et autres

œuvres du même auteur. *Rouen*,, *Paris*, 1661, in-12, v. br.

390. Les OEuvres (et lettres) du chevalier de Méré. *Amst.*, 1692, 2 t. en 1 vol. in-8, 2 front., v. gr., fil.

391. OEuvres de M. Scarron. *Amst.*, 1752, 7 vol. in-12, portr., d. rel. perc., n. rog.

392. OEuvres diverses de Pellisson. *Paris*, 1735, 3 vol. in-12, portr., v. f.

393. OEuvres de La Fontaine, nouvelle édition revue par C. A. Walckenaer. *Paris*, *Lefèvre*, 1827, 6 vol. gr. in-8, pap. vél., br.

Exemplaire lavé et encollé avec soin.

394. OEuvres de Fénelon, archev de Cambrai. *Paris*, 1848, 6 vol. in-8, d. rel. toile, n. rog.

395. OEuvres diverses de Fénelon. *Paris*, *Lefèvre*, 1824, gr. in-8, pap. vél., br.

Exemplaire lavé et encollé avec soin.

396. OEuvres de Montesquieu, avec les notes de tous les commentateurs, édition publiée par L. Parrelle. *Paris*, *Lefèvre*, 1826, 8 vol. gr. in-8, pap. vél., portr., br.

Exemplaire lavé et encollé avec soin.

397. Mescolanze d'Egidio Menagio. *In Parigi*, 1678. in-8, v. gr.

Exemplaire de La Monnoie avec sa devise, une table et une longue note manuscrite de sa main.

398. Collection des anciens monuments de l'histoire et de la langue françaises, publiée par A. Crapelet, 1826-34, gr. in-8, pap. vélin, cart. non rogné.

Savoir : Vers sur la Mort, par Thibaud de Marly (XIIe siècle). — Lettres de Henry VIII à Anne de Boleyn.—Combat de trente Bretons contre trente Anglais.—Histoire de la Passion de J. C., par Oliv. Maillard. —Le Pas d'armes de la Bergère.—L'Histoire du châtelain de Coucy et de la dame de Fayel.—Cérémonies des Gages de bataille.— Poésies morales d'Eust. Deschamps. — Tableau de mœurs au Xe siècle. — Les demandes faites par le roi Charles VI.

399. Collection des auteurs français, imprimée par ordre du roi pour l'éducation du Dauphin. *Paris*, *Didot*. 1784 à 1788, 18 vol. in-18, pap. fin, veau fauve, fil., tr. dor. (*Niédrée*).

Charmante collection, très-rarement complète, et qui contient : Boileau, 3 vol. — Bossuet, 4 vol. — Fables de La Fontaine, 2 vol. — Télémaque, 4 vol. — Racine, 5 vol. — EXEMPLAIRE préparé avec soin avant la reliure.

400. Collection des meilleurs ouvrages de la langue françoise, dédiée aux dames (chaque ouvrage précédé d'une notice sur l'auteur par Auger de l'Acad. fr.). *Paris*, *Didot*, 1815, 17 vol. in-16, d. rel.

Charmante *collection* dite de *la duchesse d'Angoulême*.

HISTOIRE.

I. INTRODUCTION ; VOYAGES ; HISTOIRE UNIVERSELLE ; HISTOIRE ANCIENNE.

401. Méthode pour étudier l'histoire, avec un catalogue des principaux historiens, par l'abbé Lenglet du Fresnoy. *Paris*, 1772, 15 vol. in-12, d. rel. v. viol.

402. Géographie des Grecs analysée, ou les Systèmes d'Ératosthènes, de Strabon et de Ptolémée, comparés entre eux, par Gosselin. *Paris*, 1790, gr. in-4, 10 pl. — Recherches sur la géographie systématique et positive des Anciens, par le même. *Paris*, 1798 à 1813, 4 vol. gr. in-4, 64 pl. Les 5 vol., d. rel. mar., n. rog.

402 *bis*. Voyage de Jacques Le Saige de Douai à Rome, Notre-Dame-de-Lorette, Venise, Jérusalem et autres saints lieux, publ. par H. R. Duthillœul. *Douai*, 1852, in-4, fig., d. rel.

Réimpression d'un ouvrage très-rare tirée à petit nombre.

403. Voyage de messieurs de Bachaumont et de La Chap-

pelle et un mélange de pièces de M. de Saint-Evremont. *Utrecht*, 1704, in-12, d. rel. v. f.

404. Abrah. Golnitzi Ulysses Belgico - Gallicus. *Lugd. Bat.*, 1655, pet. in-12, fr. gr., vél.

405. Voyage fait à Munster en Westphalie et autres lieux voisins en 1646 et 1647, par Joly. *Paris*, 1670, in-12, vél.

406. Carte physique et routière de la Suisse, publ. par J. Andriveau-Goujon. *Paris*, 1840. Carte collée sur toile et dans un étui.

407. Recherches curieuses sur la diversité des langues et religions par toutes les principales parties du monde, par Ed. Brerewood. *Paris*, 1640, pet. in-8, v. f. gr.

408. Histoire des inaugurations des rois, empereurs et autres souverains de l'univers, etc. (par Dom Charles Bevy) *Paris*, 1776, in-8, v. m.

Nombreuses figures de costumes.

409. Les Juifs d'Occident ou Recherches sur l'état civil, le commerce et la littérature des Juifs en France, en Espagne et en Italie, pendant le moyen âge, par Arth. Beugnot. *Paris*, 1824, in-8, d. rel., v. ol.

410. Histoire de la décadence et de la chute de l'empire romain, par Edouard Gibbon, avec une notice par J. A. C. Buchon. *Paris*, 1837, 2 vol. gr. in-8, d. rel. v. f.

II. HISTOIRE MODERNE.

1. Histoire de France.

A. TOPOGRAPHIE; MOEURS ET USAGES; CHRONIQUES, ETC.

411. Le Cathalogue des villes et citez assisses es troys Gaulles, avec ung traicté des fleuves et fontaines. *Paris*, 1539, in-16, fig., mar. v., tr. d. (*Duru*).

Petit livre RARE imprimé en lettres rondes.

412. Nouvelle description de la France par Piganiol de La Force. *Paris*, 1753, 15 vol. in-12, cartes nombr., v. m.

413. Origines gauloises, celles des plus anciens peuples de l'Europe puisées dans leur vraie source, par La Tour-d'Auvergne Corret. *Hambourg*, 1801, v. j.

414. Considérations sur l'esprit militaire des Gaulois (par de Ségrais). *Paris*, 1774, in-12, v. m.

415. Dissertations sur la mythologie françoise et sur plusieurs points curieux de l'histoire de France, par Bullet. *Paris*, 1771, in-12, d. rel. v. f. (*Bauzonnet*).

416. Dissertations sur l'origine des Francs, avec une histoire abrégée des rois de France, en vers (par Ribaud de La Chapelle). *Paris*, 1748, in-12, v. gr., fig.

417. Dissertation dans laquelle on recherche depuis quel temps le nom de France a été en usage pour désigner une portion des Gaules; l'étendue de cette portion ainsi dénommée, ses accroissements et ses plus anciennes divisions depuis l'établissement de la monarchie françoise, par l'abbé Le Beuf. *Paris*, 1740, in-12, br. r.

418. Les Mœurs et coutumes des François dans les différents tems de la monarchie, par Le Gendre. *Paris*, 1734, in-12, v.

419. Usages et mœurs des François (origine de la nation, etc.), par Poullin de Lumina. *Lyon*, *Paris*, 1769, 2 t. en 1 vol. in-12, v. m.

420. Quel fut l'état des personnes en France, sous la première et la seconde race de nos rois, par l'abbé de Gourcy. *Paris*, 1769, in-12, cart., n. rog.

421. Monuments des arts en France, depuis les Gaulois jusqu'au règne de François Ier. Quarante-cinq planches contenant plus de *huit cents sujets* dessinés et gravés au trait par les plus habiles artistes en ce genre, présentant une suite non interrompue de monuments, de

sculptures et de peintures, précédés d'un texte ou précis des arts libéraux, mécaniques et industriels en France, depuis les Celtes et les Francs jusqu'à François Ier, d'une explication et analyse particulière et raisonnée de chaque figure ou monument, par Alexandre Lenoir. *Paris*, 1840, in-fol., d. rel.

422. Les grandes Chroniques de France dites de Saint-Denis, selon qu'elles sont conservées en l'église de Saint-Denis en France, avec dissertations et notes, par Paulin Paris, de l'Institut. *Paris*, 1830, 6 vol. pet. in-8, v. f., fil., tr. d.

Très-bel exemplaire.

423. Nouvelle Histoire de France depuis le commencement de la monarchie jusqu'à la majorité de Louis XIV. *Bruxelles*, 1732, 8 vol. in-12, v. br.

424. Brefve cronicque des faicts illustres des roys de France avecq leurs pourtraits au naturel. *Venise*, 1597, pet. in-fol. cart. (63 portr.).

425. Portraits des rois de France. *Paris*, *Moncornet*. 64 pl. — Les mêmes, de Larmessin. *Paris*, 1679, 64 pl. in-4, d. rel. v. ant.

426. OEuvres de Varillas. *Paris*, 1685 à 95, 41 vol. in-12, v. f., arm., fil., tr. d. (Histoire de Henry II, — Charles VIII, etc.).

427. Histoire des Français, par J. C. L. Simonde de Sismondi. *Paris*, 1821, 31 vol. in-8, d. rel. v. f.

428. Observations sur l'hist. de France, par l'abbé de Mably; édition revue par M. Guizot. *Paris*, 1823, 3 vol. in-8, d. rel. toile.

429. Annalium et historiæ Francorum, ab anno Christi 708 ad ann. 1190. *Parisiis*, 1588, in-8, v. m.

430. Ivonis Carnotensis Epistolæ, ejusdem Chronicon de regibus Francorum, etc. *Parisiis*, 1610, in-8, mar. br., fil., comp.

431. Papirii Massoni Annalium libri, quibus res gestæ Francorum explicantur. *Lutetiæ*, 1583, in-8, d. rel. bas.

432. Le Thrésor des histoires de France, par feu Gilles Corrozet. *Paris*, 1630, in-8, vél.

433. Mémoires pour servir à l'histoire des Gaules et de la France, par Gibert. *Paris*, 1744, in-12, b.

434. Pièces fugitives pour servir à l'histoire de France, avec des notes historiques, géographiques, généalogiques, etc. (par le marquis d'Aubais) 2 t. en 3 vol. in-4, d. rel. mar. r.

435. Curiosités histor., ou Recueil de pièces utiles à l'hist. de France. *Amst.*, 1759, 2 vol. pet. in-12, v. m.

436. Curiositez françoises, par Ant. Oudin. *Paris*, 1640, in-8, vél.

437. Recueil de dissertations sur divers sujets de l'histoire de France, par Sabbathier. *Châlons-sur-Marne et Paris*, 1770, in-12, v. m.

438. Revue anglo-française, destinée à recueillir les données historiques et autres se rapportant aux points de contact entre la France, l'Aquitaine et la Normandie, publ. sous la direction de M. de La Fontenelle de Vaudoré. *Poitiers*, *Paris*, 1834-35-36-37 et 1840, 5 vol. in-8, 18 pl., br.

439. Histoire générale de l'Europe depuis la naissance de Charles-Quint jusqu'au 5 juin 1527. *Louvain*, 1765. — Histoire générale de l'Europe durant les années 1527, 28, 29, par R. Macqueriau, publiée pour la première fois sur le manuscrit autographe (par J. Barrois). *Paris*, 1842, ensemble 2 vol. in-4, d. rel. v. f. n. rog.

C'est l'hist. de l'Europe sous François Ier et Charles-Quint.

B. HISTOIRE PARTICULIÈRE DE LA FRANCE SOUS CHAQUE RÈGNE.

440. Dissertation servant d'éclaircissement à plusieurs points de l'histoire des enfans de Clovis Ier, par Gouge de Longuemare. *Paris*, 1744, in-12, br., r.

441. Discours sur l'histoire générale du siècle de Charlemagne, 1816, 46 pages. — Discours sur l'esprit et l'influence des croisades, 1816. — Récit de la bataille de Pavie et de la captivité de François Ier. — Discours sur les heureux effets de la puissance pontificale au moyen âge, 4 brochures par M. Raoul-Rochette.

442. Mémoires sur les limites de l'empire de Charlemagne, par D. Philippe-Louis Lieble. *Paris*, 1764, in-12, vél.

443. Deux couvents au moyen âge, ou l'Abbaye de Saint-Gildas et le Paraclet au temps d'Abélard et d'Héloïse, par P. Tiby. *Impr. de Crapelet*, in-12, pap. vél., d. rel. v. f.

Charmant petit volume imprimé pour les bibliophiles à 200 exemplaires.

444. La France au temps des croisades, ou Recherches sur les mœurs et coutumes des François aux XIe et XIIe siècles, par le vicomte de Vaublanc, 4 vol. in-8, br., pap. vél. collé, avec plus de 80 vignettes gravées sur bois.

445. Mémoire sur la bataille de Bouvines en 1214, par M. Lebon. *Paris*, *Lille*, 1835, in-8, carte, d. rel. v. ant.

Avec pièces justificatives et documents d'un grand intérêt.

446. Conjuration d'Etienne Marcel contre l'autorité royale, ou Histoire des états généraux de la France pendant les années 1355 à 1358, par J. Naudet. *Paris*, 1815, in-8, v. rac., dent.

447. Heroinæ nobilissimæ Joannæ d'Arc Lotharingæ

vvlgo Avrelianensis Puellæ historia. Authore Joanne Hordal. *Ponti-Mussi*, 1612, pet. in-4, front. gravé, 2 portr. de Léonard Gaultier, vél.

448. Histoire de Jeanne d'Arc, par Le Brun de Charmettes. *Paris*, 1817, 4 vol. in-8, portr., fig., v. f.

449. Memoirs of Jeanne d'Arc, surnamed la Pucelle d'Orléans, with the history of her times. *London*, 1824, 2 vol. in-8, portr. et plans, cart., n. rog.

450. Les Mémoires de messire Ph. de Commines. *A Leide, chez les Elzev.*, 1648, pet. in-12, fr., vél. (p. 9 l. et demi). Bel exemplaire.

451. Chroniques de Jean d'Auton, publiées pour la première fois en entier, d'après les manuscrits de la Bibliothèque du roi, avec une notice et des notes par P. L. (Lacroix) Jacob, bibliophile. *Paris*, 1834, 1835, 4 vol. in-8, v. f., fil., tr. d. (*Très-belle reliure de Niédrée*).

Cette publication qui comprend l'histoire de Louis XII, complète les collections des Chroniques-Mémoires sur l'histoire de France.

452. Les ORDÕNANCES ROYAULX nouvellement publiées à Paris dep. le Roy Loys XII de ce nô le xx iour du moys d'avril 1512; *ont esté imprimées à Angers pour Leon Cailler, libraire demourant à la place Neufve, et a led. Cailler obtîs cõgie de Jehã Petit de faire imprimer lesd. ordõnãces lequel Petit a pvillege de messeigneurs de Parlemẽt.* Pet. in-8, mar. v., fil., tr. d. (*Trautz-Bauzonnet*).

L'on a ajouté à cet exemplaire une ord. de Louis XII manuscrite, ayant sa signature autographe datée de 1498. SUPERBE EXEMPLAIRE.

453. Les Heures françoises, ou les Vêpres de Sicile et les Matines de la St.-Barthélemy, *suivant l'édition publiée à Amsterdam, chez Ant. Michiels, à la Sphère*, 1690, pet. in-12, br.

Réimpression tirée à 100 exemplaires dans le format *Elzévirien* adopté par M. Chenu et publié par ses soins.

454. La Vie de Jean d'Orléans, dit le Bon, comte d'An-

goulême, aïeul de François Ier, par Jean du Port, sieur des Rosiers, publiée par Eusèbe Castaigne. In-8 avec un tableau généalogique, d. rel.

455. Histoire de la captivité de François Ier, par M. Rey. *Paris*, 1837, in-8, d. rel.

456. Sur la mort tragique de la comtesse de Chateaubriant, par P. L. Jacob, bibliophile. *Paris*, 1838, in-8, br.

Exemp. sur papier de Chine d'une dissertation tirée à 50 exemplaires.

457. Histoire de l'estat de France, tant de la république que de la religion, sous le règne de François II, publiée par Mennechet. *Paris*, 1836, 2 vol. in-8, fig., d. rel. v. f., n. rog.

Édition revue et corrigée, précédée d'une Notice sur l'auteur; suivie de la réimpression du *Livre des Marchands ou du Grand et loyal Devoir de Messieurs de Paris envers le Roi* et d'autres pièces du temps.

458. Le Massacre de Vassy, d'après un manuscrit d'un couvent de Vassy, en 1562, par Horace Gourjon, *Paris*, 1844, in-8, 2 gr. pl., d. rel. vél.

459. Brief discours sur la mort de la royne de Navarre, advenue à Paris le IX jour de juin 1572. *S. l.*, 1572, in-8, mar. v., fil. comp., tr. d. (*Thouvenin*).

460. Correspondance de Lamothe Fénelon, ambassadeur de France auprès la reine Elisabeth de 1568 à 1575, conservée aux Archives du royaume, publiée pour la première fois par Purton-Cooper. *Paris*, 1838 à 41, 7 vol. in-8, br.

Des détails sur les guerres civiles de France, sur la détention de Marie Stuart, l'accusation contre le duc de Norfolk, la rupture avec l'Espagne, etc.

461. Histoire des choses mémorables avenues en France, de 1547 à 1597 (par P. Mathieu). *S. l.*, 1599, in-8, v. gr.

462. Histoire des derniers troubles de France (par P. Mathieu), avec un cinquième livre (attribué à Cl. Malingre). (*Paris*), 1606, in-8, v. m.

463. La vie des traistres politicques navarrais. *Paris et Lyon*, 1589, in-8, mar. viol., fil., tr. d. (*Niédrée*).

On a ajouté à cet exemplaire une grande planche gravée en bois, très-satirique, avec une description en vers, imprimée autour de la gravure.

464. Satyre Ménippée de la vertu du catholicon d'Espagne et de la tenue des estats de Paris. *S. l.*, 1593, pet. in-12, v. f., fil., tr. d. (*Trautz-Bauzonnet*).

Joli exemplaire d'une édition rare et curieuse.

465. (Satyre Ménippée). Idem, *S. l.*, 1593, pet. in-12, portr., fig. en bois, v. f., fil., tr. d. (*Thompson*).

466. Satyre Ménippée de la vertu du catholicon d'Espagne et de la tenue des estatz de Paris. *Paris*, 1593, in-8, v. f., fil., tr. d.

467. La Vertu du catholicon d'Espagne (par M. Le Roi, aumonnier du jeune cardinal de Bourbon), avec un abrégé de la tenue des estats de Paris convoquez au x de février 1593, par les chefs de la Ligue (par MM. Passerat, Rapin et Pithou). *S. l.*, 1594, in-8, bas. rac.

D'après une note manuscrite ce serait la première édition.

468. (Satyre Ménippée). Idem. *S. l.*, 1604, in-12, v. f., fil. (*Muller*).

469. (Satyre Menippée). Idem. *S. l.*, 1624, in-12, vél.

470. (Satyre Menippée). Idem. *A Ratisbonne* (*Elzév.*) 1677, pet. in-12, fig., vél.

471. Cérémonies observées au sacre et couronnement du valeureux Henri IIII, ensemble en la réception de l'ordre du St-Esprit en l'église de Chartres, ès XXVII et XXVIIIe jours du mois de février 1594. *Paris*, 1594, in-4, mar. r., tr. d. (*Duru*).

472. Traité du mariage de Henry IV, roy de France, avec la princesse de Florence; plus la conspiration, prison, jugement et mort du duc de Biron, avec un

sommaire de sa vie et le procez de Jean L'Hostecave, la généalogie de la maison de Médicis. *Rouen*, 1609, in-8, mar. r. puce, fil., tr. d. (*Koehler*).

473. Dialogue satyrique (contre la belle Gabrielle d'Estrées). *S. l. ni d.*, pet. in-8, mar. bl., tr. d. (*Duru*).

474. Histoire de la mort déplorable de Henri IIII; ensemble un poëme, un panégyrique et un discours funèbre. *Paris*, 1612, in-8, fr., mar. noir, tr. d. (*Bauzonnet*).

475. Pièces sur la mort de Henri IV. In-4, fig., d. rel. mar. ol. (*Thompson*).

Oraison funèbre prononcée dans la grande église de Paris aux obsèques de Henri IV, par Philippe Cospeau. *Paris*, 1610. — Parentalia Henrico IV inscripta et recitata à G. Crittonio. *Parisiis*, 1610. — Panegyricus in Mariæ Medicæ Francorum et Navarræorum reginæ inaugurationem, auctore G. Crittonio. *Parisiis*, 1610. — Christianis et invictis regi, Henrico IV, Monodia Theod. Marcilii. *Parisiis*, 1610, etc., etc.

476. Pourtraict du très chrestien et très victorieux Henry IIII, roy de France et de Navarre, par George Blaignan. *Paris*, s. d. in-12, fr., par Th. de Leu, gr., v. br.

477. Mémoires de Marguerite de Valois, avec son éloge, et celui de Bussy avec la fortune de la cour (extr. des Mémoires du sieur de Neuville, par P. de Dampmartin). *Liége*, 1713, in-8, portr., v. br.

478. Le Tableau de la vie et du gouvernement de MM. les cardinaux Richelieu et Mazarin et de M. Colbert, représenté en diverses satyres et poésies ingénieuses avec un recueil d'épigrammes sur la vie et la mort de M. Fouquet. *Cologne*, 1693, in-12, portr., mar. bl. doubl. de moire r. fil., comp., dent., tr. d. (*Courteval*).

479. Jugement de tout ce qui a esté imprimé contre le cardinal Mazarin depuis le 6 janv. jusques à la déclaration du 1er avril 1649. *S. l. ni d.*, in-4, portr., v. m., fil.

Ex. en GR. PAP. de la bibliothèque de M. le marquis du Roure, avec une note de sa main.

480. Les Mémoires de Michel de Marolles. *Paris*, 1656, pet. in-fol., portr., v. j.

Avec le supplément et divers portraits ajoutés.

481. Le Détail de la France sous le règne présent avec plusieurs mémoires et traitez sur cette matière (par Pierre le Pesant de Bois-Guilbert). (*Rouen*), 1707, 2 t. 1 vol. in-12, v. gr.

482. Nouveau siècle de Louis XIV, ou poésies-anecdotes du règne et de la cour de ce prince, avec des notes histor. et des éclaircissemens (par Sautreau de Marsy). *Paris*, 1793, 4 vol. in-8, v. m.

483. L'Esprit de la Fronde (par Mailly). *Paris*, 1772, 5 vol. in-12, v. m.

484. La Muse historique, ou recueil de lettres en vers, contenant les nouvelles du temps, escrites à Mlle de Longueville par le sieur Loret, années 1650-65. *Paris*, *Ch. Chenant*, 1658-65, 3 vol. in-fol., portr., mar. r., tr. d. (*Duru*).

Superbe exemplaire complet d'un ouvrage curieux, devenu des plus rares et des plus recherchés. Le beau portrait de Loret, par Nanteuil, qui manque souvent, se trouve dans cet exemplaire en bonne épreuve.

485. Poésies burlesques contenant plusieurs epistres à diverses personnes de la cour et autres œuvres en ce genre d'escrire, par le Sr. Loret. *Paris*, 1647, in-4, mar. r., fil., comp., tr. d. (*Anc. rel.*).

Vol. rare ; bel exemplaire.

486. Les Poësies naturelles du Sr. Loret. *Paris*, 1633, pet. in-8., v. m.

487. La Muse historique ou recueil des lettres en vers, escrites à Mlle de Longueville par le Sr. Loret en 1650. *Paris*, 1656, in-4, mar. r., fil., dent. (*Armoiries*), portr. de Michel Lasne.

488. Recueil de pièces (en prose et en vers), sur le mariage de Louis XIV. *Paris*, 1660, in-4, 3 portr., v. m.

489. Les Actions glorieuses de Charles, duc de Lorraine, 1687, gr. in-4, mar. r., fil., tr. d. (*Anc. rel.*).

Joli recueil de figures gravées sur cuivre, par Cochin et Sébast. Leclerc, dans sa première reliure, et représentant les batailles d'Arsan, de S. Godard, les siéges de Philisbourg, de Bude, etc., accompagnées d'entourages habilement dessinés.

490. Mandement de l'archevêque de Paris pour faire prier pour le repos de l'âme des officiers, soldats et matelots morts pendant la guerre. 1691. — Id. touchant les prières des 40 heures. 1692, 1693, 1694. — Id. pour demander à Dieu la prospérité des armes du roi. 1697. — Portrait de Harlay de Chanvallon, archevêque de Paris. In-4, cart.

491. Lettre du roi pour le *Te Deum* après la prise d'Heidelberg, 1693. — Relation de la défaite des Allemands, etc. — Portrait du maréchal de Lorge. In-4, cart.

492. Lettres du roi pour les *Te Deum* après la bataille donnée par le roi et par le maréchal de Noailles, après les prises de Mons, de Palamos et de Gironne, 1692 et 1694. — Description du feu de joie dressé devant l'hôtel de ville de Paris en réjouissance de la prise de Rose. — Portrait du maréchal de Noailles. In-4, cart.

493. Concordance de l'état sanitaire de Louis XIV avec les événements de son règne, par P. L. Jacob, bibliophile. *Paris*, 1839, in-8, br.

Exempl. sur pap. de Chine d'une dissertation tirée à 50 exemplaires.

494. Recueil de copies manuscrites en 1 vol. in-4, vél.

Dont : Relation de ce qui s'est passé au lit de justice, tenu au palais des Tuileries, le vendredy 26 aoust 1718 et beaucoup d'autres au nombre de 165 environ, avec une table.

495. Recueil de quelques pièces de poésies franç. et lat. à l'honneur de Mgr le duc de Bourgogne et Mgr le duc de Berry. *Lyon*, s. d., in-4, v. m.

Dans le même volume : Discours de M. Coffin au roy et à Mgr. le duc d'Orléans en leur présentant le cierge, le 1er février 1719, et sur l'établissement de l'instruction gratuite et d'autres discours et mandemens. *Paris*, 1719. — Harangue au roy, à Versailles, le 11 juin 1700, par l'archevesque de Reims, à l'ouverture de l'assemblée générale du clergé, qu'on tient actuellement à Saint-Germain-en-Laye. *Paris*, 1700. — 4 autres harangues au roy faites en 1702, 1705, 1711.

496. Les deux Harangues des habitans de Sarcelles et autres pièces. *Aix*, 1731, pet. in-8, v. fauve, tr. d. (*Anc. rel.*).

497. Étrennes françoises pour l'année jubilaire du règne de Louis le Bien-Aimé, par l'abbé de Petity. *Paris*, 1766, in-4, fig. et vign., mar. r., tr. d. (*Armes*).

498. Histoire de l'empereur Napoléon, par P. M. Laurent de l'Ardèche; dessins par Horace Vernet. *Paris*, 1840, gr. in-8, d. rel. v. gris, n. rog., tr. sup. d.

C. ROMANS HISTORICO-SATIRIQUES SUR LES AMOURS DES ROIS DE FRANCE.

499. Histoire amoureuse des Gaules (par Bussy-Rabutin). *Liége*, s. d. (*à la croix, Elzev.*), pet. in-12, vél.

500. Amours des dames illustres de nostre siècle (par Bussy-Rabutin). *Cologne*, 1700, pet. in-12, fig., br.

501. Histoire amoureuse des Gaules (par Bussy-Rabutin). *Bruxelles*, 1708, in-12, fr. gr., v. m.

502. Histoire amoureuse des Gaules, par Bussi-Rabutin. *Londres* (*Genève, contrefaçon Cazin*), 1789, 6 vol. in-18, v. m.

503. Galanteries des rois de France, par Henri Sauval. *Paris*, 1738, 2 t. en 1 vol., p. in-8, v. br., fig.

504. Mémoires historiques et secrets, concernant les amours des rois de France. *Paris, vis-à-vis le Cheval de bronze* (*Amst.*). 1739, pet. in-12, d. rel. mar. r., tr. sup. d. (*Duru*).

D. HISTOIRE ROYALE ET PRINCIÈRE.

505. Des Antiquités de la maison de France et des maisons mérovingienne et carlienne et de la diversité des opinions sur les maisons d'Autriche, de Lorraine, de Savoye, Palatine, et plusieurs autres maisons souveraines, par Gilbert-Charles Le Gendre. *Paris*, 1739. in-4, fr. gr., v. f., fil., tr. d.

506. Histoire sur la généalogie de l'illustre maison de Bourbon, Vandosme et Monpensier, plus un recueil de la maison de Chalons et des princes d'Orange, par Jacques Callier. *Lyon*, 1607, in-8, vél., mouillé.

507. Les Alliances par mariage d'entre les maisons royales de France et d'Angleterre. *S. l.*, 1624. — L'Ordre des cérémonies observées au mariage du roy de la Grande-Bretagne et de Mme sa sœur, etc. *A Amiens*, 1625, 2 p. 1 vol. in-8, mar. bl., fil., tr. d. (*Duru*).

508. Récit véritable de la naissance de messeigneurs et dames les enfans de France, par Louyse Bourgeois, dite Boursier, sage femme. *Paris*, 1625, in-8, v. f., fil., tr. d. (*Petit*).

E. MÉLANGES D'HISTOIRE POLITIQUE ET CIVILE DE FRANCE.

509. De la Monarchie française, par le C. de Montlosier. *Paris*, 1814, 3 vol. in-8, d. rel. toile.

510. Lois des Francs, contenant la loi salique et la loi ripuaire, publ. par J. F. A. Peyré, précédées d'une préface par Isambert. *Paris*, 1828, in-8, d. rel. toile.

511. Essai sur les institutions de saint Louis, par Arthur Beugnot fils. *Paris*, 1821, in-8, v. f., fil., dent., tr. d.

512. De la Féodalité des institutions de saint Louis et de l'influence de la législation de ce prince, par F. A. Mignet. *Paris*, 1822, in-8, d. rel. v. ol.

513. Nouvel examen de l'usage général des fiefs en France (du xe au xive siècle), par Brussel. *Paris*, 1750, 2 vol. in-4, v. m.

514. Histoire de l'ancien gouvernement de la France, avec XIV lettres histor. sur les parlemens ou états généraux, par le comte de Boulainvilliers. *A la Haye et à Amst.*, 1727, 3 vol. in-12, v. m.

515. Histoire de la pairie de France et du parlement de Paris, par D. B. (par Jean Le Laboureur). *Londres*, 1753, 2 t. en 1 vol. in-12, v. m.

516. Noms, surnoms et qualitez de MM. les deputez des trois ordres des états généraux de France, tenuz et assemblez en la ville de Paris en l'année 1614. *S. l. n. d.*, in-8, d. rel. perc. bl. (*Avec un plan qui se replie où l'on remarque le portrait de Henry IV et de Louis XIII enfant, gravés sur bois*).

517. Discours des estats et offices, tant du gouvernement que de la justice et des finances de France, par Ch. de Figon. *Paris*, 1580, in-8, gr. table généalog., v. br.

518. L'État de la France où l'on voit tous les princes, ducs et pairs, etc., etc. *Paris*, 1683, 2 vol. in-12, cart.

519. L'État de la France où l'on voit les princes et pairs, ducs, etc. *Paris*, 1698, 2 vol. in-12, fig., v. br.

520. L'État de la France (revu par Louis Trabouillet). *Paris*, 1699, 3 vol. in-12, fig., v. br.

521. Almanach royal depuis l'année 1699 inclus. jusqu'à l'année 1721 inclus. *Paris*, 1699 et suiv., 22 vol. in-8, différentes reliures, mar. r., vél., v., tr. d., arm.

522. Treze livres des parlemens de France, esquels est

amplement traicté de leur origine et institution, par Bernard de La Roche Flavin. *Bourdeaus*, 1617, in-fol., d. rel. v. m.

523. Dissertation sur l'origine et les fonctions essentielles du parlement, sur la pairie et le droit des pairs, et sur les lois fondamentales de la monarchie françoise (par Michel Cantalauze, seigneur de La Garde). *Amst.* (*Toulouse*), 1764, in-12, d. rel. v.

524. Histoire, actes et remontrances des parlemens de France, chambres des comptes, cours des aides et autres cours souveraines, depuis 1461 jusqu'à leur suppression, par P. J. S. Dufey (de l'Yonne). *Paris*, 1826, 2 vol. in-8, d. rel. toile.

525. Les Ovvertvres des parlemens, faites par les roys de France, tenant leur lict de justice, par Lovys d'Orléans. *Roven*, 1620, in-8, vél., port.

Note manuscrite sur Louis d'Orléans ajoutée à l'exemplaire.

526. Vita Mathaei Molei. *Antuerpiae*, 1651, pet. in-12, vél. (*Rare*).

527. Traité de la chambre des comptes, de ses officiers et des matières dont elle connoist. *Paris*, 1702, in-12, mar. r., tr. d.

528. Dissertation historique et critique sur la chambre des comptes (par Jean-Louis Le Chanteur). *Paris*, 1765, in-4, v. f., fil., tr. d. (*Anc. rel.*).

529. Histoire du droit municipal en France sous la domination romaine et sous les trois dynasties, par Raynouard. *Paris*, 1829, 2 vol. in-8, d. rel. toile.

530. Le Grand Avlmosnier de France, par M. Sébastian Rovlliard. *Paris*, 1607, in-8, vél., fil., tr. d.

531. Traicté de la chancellerie avec vn recveil des chanceliers et gardes des sceaux de France, par P. de Miravlmont. *Paris*, 1610, in-8, vél.

532. Édit d'union, reglemens et priviléges des secré-

taires du roy. *Paris*, 1672, in-12, mar. cit., dent., fleurs de lis, tr. d. (*Anc. rel.*).

533. Traité des droits, priviléges et fonctions des conseillers du roy, notaires, etc., par Simon-François Langloix. *Paris*, 1738, in-4, v. f., fil., tr. d.

534. Recherches historiques sur l'ancienne gendarmerie françoise (par le vicomte d'Alès de Corbet). *Avignon*, 1759, in-12, d. rel. v. mar.

535. Traité historique et très-curieux des anciennes enseignes et étendards de France, par Aug. Galland. *Paris*, 1782, in-12, br. r.

536. Histoire du drapeau, des couleurs et des insignes de la monarchie françoise, précédée de l'histoire des enseignes militaires chez les anciens, par M. Rey. *Paris*, 1837, 2 vol. in-8, d. rel. mar. bl. (*Élégante reliure*).

537. Dissertation sur les tentes ou pavillons de guerre, etc., par Beneton de Perrin. *Paris*, 1735, in-12, d. rel., v. j.

538. Édits et déclarations du roy, concernant la réformation de la justice. 1668, in-16, mar. r., fil., tr. d.

539. Dictionnaire ou traité de la police générale des villes, bourgs, paroisses et seigneuries de la campagne, par Edme de La Poix de Freminville. *Paris*, 1775, in-8, v. m.

540. Les Mémoires des sages et royales économies d'État, de Max. de Béthune (de Sully), jouxte la copie. *Amsterdam*, 1652, 4 vol. —Suite. *Rouen*, 1682, 3 vol., ens. 7 vol. pet. in-12, vél. (*Édition Elzévirienne*).

541. Recueil de diverses pièces, de 1570 à 1665, imprim. et mss. sur les monnaies, en 1 vol. in-4, vél.

542. Le Citoyen désintéressé ou diverses idées patriotiques, etc., par M. Dussausoy. *Paris*, 1767 et 1768, 2 part. en 1 vol. in-8, fig., gr. pl., d. rel. v.

F. HISTOIRE PARTICULIÈRE DES ANCIENNES PROVINCES ET DES VILLES DE FRANCE.

1. Paris.

a. Histoire civile et politique.

aa. Topographie; Statistique; Histoire générale.

543. Bibliographie historique et topographique de Paris, ou catalogue de tous les ouvrages imprimés en français relatifs à l'histoire de Paris depuis le XVe siècle, par Girault de Saint-Fargeau. *Paris,* 1847, in-8, br.

544. 1687. Cours de la Seine et des rivières et ruisseaux qui y affluent, levé sur les lieux par ordre du président Turgot, par l'abbé de La Grive, *dessiné et écrit* par Mulatier, 90 dessins en 1 vol. gr. in-fol. v. m.

Ce curieux recueil de dessins provient de la collection de M. Armand Bertin.

545. Plâs et profilz des principales villes de la province de l'Isle de France, avec la carte generale et les particulières de chascun gouuernement d'icelles *S. l. n. d.*, pet. in-4 obl., d. rel. mar. viol.

546. La Généralité de Paris divisée en ses 22 élections, par D. (J. Chalibert-Dangosse). *Paris,* 1710, in-12, v. br.

547. Description de la généralité de Paris, contenant l'état ecclésiastique et civil, et le pouillé des diocèses de Paris, Sens, Meaux, Beauvais et Senlis, les noms des seigneurs des terres, etc., etc. (par Hernandez). *Paris,* 1759, in-8, v. m.

548. Histoire de la ville et de tout le diocèse de Paris,

etc., etc., par M. l'abbé Lebeuf, etc. *Paris*, 1754, in-12, 15 vol., v. j.

En tête du premier volume on lit l'éloge suivant, qui est inédit et que nous reproduisons ligne pour ligne :

D. Joannis Le beuf —
Presbyteri Autissiodoræi
Sanctæ Autissiodorensis
Ecclesiæ olim canonici
Honorarii et succentoris
Encomium funebre.

Vir integritate vitæ commendatus
Asper in victu
Sine pompa foris
Sine luxu domi.

Stupendam ejus eruditionem
Tot mirati homines,
Quot noverunt.

Priscorum ecclesiæ rituum notitia
Cantus ecclesiastici peritia
Nulli secundus.

Imperii gallici provincias
Fere omnes
Pedes emensus
Rei Antiquariæ
Perlustrator sagax
In evolvendis chartis
Perspicax
Recondita vulgavit instrumenta.

---

ab
Academia Suessionisensi
Quinario præmio
Donatus
Semel et iterum
A Regia Inscriptionum academia
Parisiensi coronatus
Ejusdem socius emeritus
Inclaruit.

Historiæ Patriæ commentaria
Cum laude primus
Digessit.

Natalis soli flos et decus
Litteratorum societatem
A concivibus institutam
A scriptiis suis illustravit.

Regiæ urbis basilicas
Et sacras Diocesis ædes
Exquisita descriptione
Nobilitavit.

Sanctorum cliens et cultor
Ornandis eorum capsis
Devovit
Aureaque tulit præmia.

Senio minus gravis
Quam viribus effœtus
Ereptus est orbi litterato
Die decima aprilis
An. MDCCIX
Quantum ad gloriam
Longissimum ævum
Peregit!
(Andræas Potel S. Autissiodorensis
Ecclesiæ canonicus, e societate
Scient. et litt. Autissiod.)

549. Dictionnaire des paroisses du ressort du Parlement de Paris avec l'indication des siéges royaux ordinaires. *Paris*, 1776, in-4, d. rel. v., *mouillé*.

550. Géographie parisienne, en forme de dictionnaire, contenant l'explication de Paris ou de son plan, etc., par Teisserenc. *Paris*, 1754, in-12, v. m.

551. Le Géographe parisien ou le conducteur chronologique et historique des rues de Paris, par Le Sage. *Paris*, 1769, 2 vol. in-8, pl., v. m.

552. Recherches critiques, historiques et topographiques sur la ville de Paris, par Jaillot. *Paris*, 1773, rel. en 21 vol. in-8, d. rel. v.

Très-bel exemplaire relié par quartiers.

553. Dictionnaire administr. et histor. des rues de Paris

et de ses monuments, par Félix et Louis Lazare. *Paris*, 1844, gr. in-8, d. rel. mar. r., n. rog.

554. Petite commodité parisienne pour servir à l'intelligence des plans de Paris, par Mlle***. *Paris* (*entièrement gravé*) in-64, fr., d. rel. mar. v., pl.

555. Plan de Paris (commencé sous les ordres de Mich. Et. Turgot et achevé en 1739 par Louis Bretez), gr. in-fol., mar. r., fil., tr. d. (*Aux armes de la ville de Paris*).

556. Plan topographique et raisonné de Paris, par les sieurs Pasquier et Denis. *Paris*, 1758, in-12, v. m.

Cartes, plans et description ; entièrement gravé.

557. Plan de Paris divisé en 20 quartiers, par les sieurs Deharme et Desnos. *Paris*, 1777, in-4, fr., 35 pl., d.-rel. v.

558. Plan de Paris dressé géométriquement d'après celui de La Grive, avec ses changements et augmentations, par Maire. An XII, in-8, d. rel. mar. v.

2 pl. et 4 tableaux. Ouvrage entièrement monté sur onglets.

559. La Topographie de Paris ou plan détaillé de la ville de Paris et de ses faubourgs, par Maire. *Paris*, 1808, in-8, d.-rel. mar. v.

20 pl. montées sur onglets.

560. *Paris* and its environs displayed in a series of two hundred picturesque views from original Drawings taken under the direction of A. Pugin. The engravings executed under the superintendence of Mr. C. Heath with topographical and historical description. *London*, 1833, 2 tom. en un vol. in-fol., mar. r., fil., dent., tr. d. (*Riche rel. anglaise*).

Exemplaire en GRAND PAPIER avec les figures sur *papier de Chine avant la lettre*. L'explication est en anglais et en français.

561. Notice sur les anciennes enceintes de Paris, par Ramond du Poujet. *Paris*, 1826 , in-8, pl., d. rel. mar. bl.

562. Les rues et églises de Paris avec la despense qui si fait par chascun iour. Le tour et l'enclos de ladicte ville avec l'enclos du boys de Vincennes et les épitaphes de la grosse tour dudit boys et avec ce la longueur, la largeur et la haulteur de la grât église de Nostre-Dame de Paris avec le blason de ladicte ville et aussi les crys ioyeulx qui se cryent par chascun iour en icelle ville de Paris. *S. l. n. d.*, pet. in-4, goth., mar. r., tr. d. (*Duru*).

Extraordinairement rare.

563. Mémoire historique et critique sur la topographie de Paris. *Paris*, 1771. — Réfutation d'un mémoire prétendu historique et critique sur la topographie de Paris. *Paris*, 1772, in-4, d. rel. v. f.

564. Essais sur l'histoire médico-topographique de Paris ou Lettres à M. d'Aumont, par Menuret de Chambaud. *Paris*, 1786, in-12, v. m.

565. Mémoire sur l'origine du nom des Rue et Porte d'Enfer. (Extrait du *Journal des Sçavans*. May, 1780), in-12, br.

566. Almanach parisien en faveur des étrangers et des personnes curieuses (par Hébert et Alletz). *Paris*, 1773. — Etrennes aux dames pour 1773. Pet. in-12, v. m. (*Armes d'Aguesseau*).

567. Almanach parisien en faveur des étrangers et des personnes curieuses (par Hébert et Alletz). *Paris*, 1776, 2 part., 1 vol. pet. in-12, mar. r. doubl. de perc. bl., fil., tr. d. (*Armes de Marie-Antoinette*).

568. Annuaire ou Almanach de Paris et du dép. de la Seine pour l'an 1807, par P. J. H. Allard. *Paris*, in-8, cart. fil., n. rog.

569. Annuaire administrat. et statist. du départ. de la Seine pour l'an XIII-1805, par P. H. J. Allard. *Paris*, in-8, cart., n. rog.

570. Annuaire administrat. et statist. de Paris et du

départ. de la Seine pour l'an 1806, par P. H. J. Allard. *Paris*, in-8, cart. fil., n. rog.

571. Recherches statistiques sur la ville de Paris et le département de la Seine, recueil de tableaux dressés et réunis d'après les ordres du C. de Chabrol. *Paris*, 1821, in-8, cart.

572. Recherches statistiques sur Paris et le département de la Seine. *Paris*, 1823-26-29. 3 vol. in-4, d. rel. v. ant., n. rog.

573. Tableau historique et pittoresque de Paris, depuis les Gaulois jusqu'à nos jours, par M*** (de Saint-Victor, Tourlet, etc.). *Paris*, 1808-1812, 3 vol. in-4, pl. nombr., d. rel. mar. r.

574. Etat ou Tableau de la ville de Paris (par de Jeze avec une préface par Pesselier). *Paris*, 1760, in-8, pl., tabl., v m.

575. Etat ou Tableau de la ville de Paris (par de Jeze, avec une préface par Pesselier). *Paris*, 1761, in-8, pl., tabl., v. m.

576. Le Nouveau Tableau de Paris ou la capitale de France dans son vrai point de vue. *Paris*, 1790, in-8, d. rel. v. f., n. rog.

577. Encore un tableau de Paris, par Henrion. *Paris*, an VIII, in-12, v. m. (*Ex. avec envoi aut.*).

578. Paris, tableau moral et philosophique, par Fournier-Verneuil. *Paris*, 1826, in-8, v. gr.

579. Paris ancien et moderne par Cousin d'Avalon. *Paris*, 1834, in-8, fig., d. rel. v. r.

580. Contrat d'échange entre le roy et l'archevesque de Paris pour raisons des censives et droits de lods et ventes sur plusieurs maisons dans Paris, à commencer du 1er octobre 1687. *S. l. n. d.* in-4, cart.

581. Personnages célèbres dans les rues de Paris depuis une haute antiquité jusqu'à nos jours, par J. B. Gou-

riet. *Paris*, 1811, 2 t. en 1 vol. in-8, fig., d.-rel. v. ant.

582. Les Annales générales de la ville de Paris, par Cl. Malingre. *Paris*, 1640, in-fol., fig., mar. r., fil., comp., tr. d. (*Anc. rel.*).

583. Projet d'une histoire de la ville de Paris sur un plan nouveau. *A Harlem*, 1739, in-8, cart.

584. Histoire de Paris composée sur un plan nouveau, par G. Touchard-Lafosse. *Paris*, 1833, 5 vol. in-8, fig. nomb., d. rel. v. f.

bb. Antiquités; Armorial de Paris.

585. Les Antiquitez, histoires et singularitez excellentes de la ville de Paris (par Gilles Corrozet). *Paris*, s. d. in-16, mar. r., tr. d. (*Trautz-Bauzonnet*).

L'une des plus anciennes éditions de ce petit livret, fort curieux et des plus rares.

586. Les Antiquitez, histoires et singularitez de Paris (par G. Corrozet). *Paris*, 1550, in-8, bas. m. (taché).

587. Les Antiquitez, chroniques et singularitez de Paris, par G. Corrozet. *Paris*, 1561, in-8, v. f., fil., tr. d. (*Trautz-Bauzonnet*).

Très-bel exemplaire d'une édition très-rare.

588. Les Antiquitez, histoires, chroniques et singularitez de la grande et excellente cité de Paris, ville capitalle et chef du royaume de France : auec les fondations et bastimens des lieux : les sépulchres et épitaphes des princes, princesses et autres personnes illustres ; auteur en partie, Gilles Corrozet, Parisien, mais beaucoup plus augmentées par N. B. Parisien. A *Paris, par Nicolas Bonfons*, 1576, in-16, mar. brun, tr. dor. (*Trautz-Bauzonnet*).

Petit volume fort curieux et *rarissime*.— *Charmant exemplaire* d'une pureté et d'une conservation qu'il est excessivement rare de rencontrer dans les livres de ce genre. Chaque feuillet a son *témoin* !...

589. Les Antiquitez, chroniques et singularitez de Paris, par Gilles Corrozet. *Paris*, 1581, in-16, v. f., fil, tr. d. (*Trautz-Bauzonnet*).

590. Supplementum antiquitatum urbis parisiacae. Auctore P. Jacobo Du Breul. *Parisiis*, 1614, in-4, vél.

591. Le Théâtre des antiquitez de Paris, par le P. Jacques du Breul. *Paris*, 1639, in-4, vél. avec le supplément.

592. Les Antiquités de la ville de Paris, par Cl. Malingre. *Paris*, 1640, in-fol., fig., veau jaspé.

593. Abrégé des antiquitez de la ville de Paris (par François Colletet). *Paris*, 1664, pet. in-12, vél. *rare*.

594. Abrégé des antiquitez de la ville de Paris contenant les choses les plus remarquables, tant anciennes que modernes (par Fr. Colletet.) *Paris*, 1664, in-12, v. br.

595. Histoire et recherches des antiquités de la ville de Paris, par Henry Sauval (avec les amours des rois de France). *Paris*, 1733, 3 vol. in-fol., d. rel.

596. Description des bas-reliefs anciens trouvez depuis peu dans l'église cathédrale de Paris (par Baudelot). —Observations sur des monuments d'antiquité trouvez dans la cathédrale de Paris, par M. D. M. (Moreau de Mautour). *Paris*, 1711, in-4, pl., v. f.

597. Antiquités gauloises et romaines recueillies dans les jardins du palais du Sénat pour servir à l'histoire des antiquités de Paris, précédées de recherches sur cette grande capitale, sur le palais du Sénat (ci-devant Luxembourg), ses dépendances et environs, par C. M. Grivaud. *Paris*, 1807, in-4, d. rel. v. f.

598. Notices sur l'hôtel de Cluny et sur le palais des Thermes, avec des notes sur la culture des arts, prin-

cipalement dans les xve et xvie siècles (par du Sommerard). *Paris*, 1834, in-8, d. rel. mar. viol.

599. Musée des Thermes et de l'hôtel de Cluny. Catalogue et description des objets d'art de l'antiquité du moyen âge et de la Renaissance exposés au musée. *Paris*, 1847, in-8, d. rel. perc. v. (*Koehler*).

600. Description histor. et chronolog. des monuments de sculpture réunis au Musée des monuments français, par Alexandre Lenoir. *Paris*, an x, in-8, d. rel. perc. bl. (*Koehler*).

601. Musée impérial des monuments français. Histoire des arts en France, et description chronologique des statues en marbre et en bronze, etc., par Alexandre Lenoir. *Paris*, 1810, in-8, d. rel. (*Koehler*).

602. Armorial de la ville de Paris gravé par Beaumont, in-fol., fr., mar. r., fil., tr. d. (*Arm. de la ville de Paris*).

cc. Histoire de Paris à diverses époques.

603. Les nouvelles et antiques Merveilles; plus un traicté des douze Césars, premiers empereurs de Romme; enfin y a une Ode pour Dieu gard à la ville de Paris, faite en juin 1554 (par Ch. Fontaine). *Paris*, 1554, in-16, mar. v., fil., tr. d. (*Duru*).

Très-joli exemplaire de ce livret de toute rareté.

604. Du Grand et loyal devoir, fidélité et obéissance de MM. de Paris envers le Roy et couronne de France (par Louis Regnier, sr. de la Planche). *S. l.*, 1565, in-8, mar. r., tr. d.

605. Discours sur le congé impétré par M. le C^{al} de Lorraine, de faire porter armes défendues à ses gens, pour la tuition et défence de sa personne; et sur ce qui luy advint à l'occasion de cela, à son arrivée à

Paris, le VIII janv. 1565. *S. l.* 1565, in-8, mar. r., fil., dent., tr. d. *(Anc. rel.)*.

606. La Dispute faicte vendredy dernier, XIIe jour de may 1589, entre un bourgeois de Paris catholique et un politique régalisé, sur la célébration de la Feste et Procession généralle faicte cedict jour; P. H. D. B. P. *Paris*, 1589, in-8, mar. cit., fil., tr. d. (*Derome*).

607. Discours (6) au vray de ce qui s'est passé en l'armée conduicte par Sa Majesté (Henri IV), depuis son advenement à la couronne jusques à la prinse des faux-bourgs de Paris. *Tours*, 1589, pet. in-8, v. f., fil.

Dans le même volume : Continuation de ce qui est advenu en l'armée du roy depuis la prinse des fauxbourgs de Paris, jusques à celle de la ville de Fallaize. *Tours*, 1580. — Discours véritable de la victoire obtenue par le roy en la bataille près le village d'Eury, le 14 mars 1590. *Tours*, 1590, etc., etc.

608. Bref discours et véritable des choses plus notables, arrivées au siége mémorable de la ville de Paris, et défence d'icelle, par Mgr le duc de Nemours, contre le Roy de Nauarre, par Pierre Corneio. *Lyon*, 1590, pet. in-8, d. rel. mar. v.

Édition originale rare.

609. Troisiesme advertissement à la France et principalement à la cour et à la grande ville de Paris, iustemēt diuinement punies, par M. René Benoist. *Paris*, 1601, in-8, non rel.

610. Discovrs des maladies épidémiqves ou contagievses advenves en ceste ville de Paris, ès années 1596-97-1606-07, par Me Gvillavme Potel. *Paris*, 1623, in-8, vél.

611. Recueil de diverses poésies sur le trespas de Henry le Grand, roy de France et sur le sacre et le couronnement de Louis XIII, par G. du Peyrat. *Paris*, 1611, portrait., v. f., fil., tr. d. (*Closs*).

612. Le Camp de la place royalle ou relation de ce qui s'y est passé le 5, 6 et 7 avril 1612, pour la publication des mariages du Roy, et de Madame, avec l'In-

fante et le prince d'Espagne. *Paris*, 1612, in-4, v. m.

613. Harangue prononcée le 27 octobre, à l'ouverture des états tenus à Paris, par Denis Simon de Marquemont. — Id. de Me Robert Miron. — Id. de Du Plessis de Richelieu, etc. *Paris*, 1615, in-8, vél.

614. Les Grands Jours tenus à Paris, par M. Muet, lieutenant du petit criminel. *S. l.*, 1622, in-12, d. rel. mar. r.

615. L'Histoire du temps ou le véritable récit de ce qui s'est passé dans le parlement de 1647 à 1648 (par N. Johannès, Sr. du Portail). *S. l.*, 1649, in-8, mar. lilas, fil., tr. d. (*Vogel*).

616. Journal contenant tout ce qui s'est fait et passé en la cour de Parlement de Paris, sur le sujet des affaires du temps (par le Sr. du Portail). *Paris*, 1648, in-4, d. rel. mar. noir.

617. Suite du vray journal des assemblées du Parlement, contenant ce qui s'est fait depuis la St-Martin 1649 jusques à Pasques 1651. *Paris*, in-4, d. rel. v.

618. Harangue à la Reyne par MM. les curés des bourgs de Sceaux, Paloyseau, etc., sur les actes d'hostilité, sacriléges, viols commis dans les lieux saincts et maisons, par les troupes Mazarines. *Paris*, 1649, in-4, d. rel. v. ant. (*Koehler*).

619. Le Courier burlesque de la guerre de Paris (par Saint-Julien). *Paris*, 1650, 2 parties pet. in-12, fr., v. f., fil.

620. Estat sommaire des misères de la campagne, et besoins des pauvres aux environs de Paris, des 20, 22, 24 et 25 octobre 1652. *S. l. n. d.*, in-4, cart.

621. Histoire des premiers Électeurs de Paris en 1789, extraite de leur procès-verbal, rédigé par Duveyrier, et précédée d'une introd. histor. d'après les événements, arrêtés, discours, pamphlets, caricatures, etc., et

d'un essai selon le corps électoral d'après la Charte, par Ch. Duveyrier, fils. *Paris*, *Bruxelles*, 1828; in-8, d. rel. v. f.

622. Modèles des drapeaux donnés à la garde nationale parisienne, au commencement de la Révolution. Collection de 30 pl. color., in 4, v. rac.

623. Almanach (et tableaux) des prisons ou anecdotes sur le régime intérieur de la Conciergerie, etc., sous la tyrannie de Robespierre, etc. *Paris*, an III, 4 vol. in-24, fr., v. ant.

624. Paris pendant le cours de la Révolution, avant et après la Restauration, par Léopold, avocat. *Paris*, 1816, 2 vol. pet. in-8, d. rel. mar. r., n. rog.

625. Notice historique des événements qui se sont passés dans l'administration de l'Opéra, la nuit du 13 février 1820, par Reullet (témoin oculaire). *Paris*, *s. d.*, in-8, mar. noir, tr. d. *(Bauzonnet-Trautz)*.

Très-rare volume qui a été tiré à très-petit nombre.

626. Collection complète des tableaux historiques de la Révolution française. *Paris*, an XI, 1802, 3 vol. in-fol., fr. gr., 215 fig. environ, v. rac., fil., dent.

627. Révolution de 1830. Plan des combats de Paris aux 27, 28 et 29 juillet, par Ajasson de Grandsagne et Maurice Plaut. *Paris (Plan s. toile dans un étui)*.

628. Rapport sur la marche et les effets du choléra-morbus dans Paris et les communes rurales du département de la Seine. *Paris*, 1834, in-4, d. rel. v. ol.

dd. Édifices; monuments exécutés ou projetés.

629. Remarques des principaux édifices et monuments publics, tableaux, etc.; statues, etc., de la ville de Paris. 1682, pet. in-4, ms. v. gr.

Manuscrit en bonne écriture du temps et assez curieux.

630. Paris sous le point de vue pittoresque et monumental, ou éléments d'un plan général d'ensemble de ses travaux d'art et d'utilité publique, par Hippolyte Meynardier. *Paris,* 1843, in-8, d. rel. v. v.

631. Le Château des Tuileries, ou récit de ce qui s'est passé dans l'intérieur de ce palais, depuis sa construction jusqu'au 18 brumaire, an VIII, par P. J. A. R. D. E. (Roussel). *Paris*, 1802, 2 vol. in-8, fig., d. rel.

632. Catolicon françois, ou plaintes de deux chasteaux raportées par Renaudot, maistre du bureau d'adresse. *S. l. n. d.*, in-8, fig., cart.

633. Essai sur la peinture, la sculpture et l'architecture, par M. de ** (Bachaumont). *S. l.*, 1752; — deux Mémoires sur le Louvre (par le même), 1752; — Épître sur la colonne de l'hostel de Soissons, par Gresset, 1752; — Nouveaux sujets de peinture et sculpture (par le comte de Caylus). *Paris*, 1755, pet. in-8, fr., fig., v. gr.

634. L'Histoire de l'incendie et embrasement du Palais de Justice, trad. du latin de M. Boutray. *Paris*, 1618, in-8, d. rel. v. f. (*Trautz-Bauzonnet*).

635. Mémoires historiques et authentiques sur la Bastille (publ. par Carra). *Paris et Londres*, 1789, 3 vol. in-8, cart. (planche in-4 représentant la Bastille au moment de sa prise).

636. La Bastille dévoilée, ou Recueil de pièces authentiques pour servir à son histoire (par Charpentier). *Paris*, 1789, 3 vol. in-8, d. rel. v. ant. avec le plan.

637. Recueil de pièces sur la Bastille, in-8, d. rel. v. m.

Rendez-nous la Bastille : *Hôtel de la Mairie*. — Les papiers déchirés, pourquoi ça ? — Troisième suite au supplément du Point du Jour; plan de la Bastille, suivi de l'Avis d'un philosophe anglais sur cette horrible prison d'État. — Histoire du fils d'un roi, prisonnier à la Bastille, trouvée sous les débris de cette forteresse. *Paris*, 1789. — Le Coup de massue, premier coup. — Le Comte de Lorges, prisonnier à la Bastille pendant

32 ans. *Paris*, 1789. — Les Nouvelles Philippiques ou le *Te Deum* des Français après la destruction de la Bastille ; Ode. *Paris*, 1789. — Journée de J. B. Humbert, horloger qui, le premier, a monté sur les tours de la Bastille. *Paris*, 1789. — Manuscrit trouvé à la Bastille concernant deux lettres de cachet, lâchées contre Mlle de Chantilly et M. Favart, par le maréchal de Saxe, 1789. — La Bastille, 1789. — Précis exact de la prise de la Bastille. — A mes Concitoyens et à mes Camarades, par M. de La Reynie. — La Journée parisienne ou le Triomphe de la France. — Les Oubliettes. — Attaque, défense et reddition de la Bastille. *Paris*, 1789. — Le Triomphe des Parisiens. — Adresse à tous les districts au sujet des papiers de la Bastille, etc., etc.

638. Voyage à la Bastille fait le 16 juillet 1789, par Michel de Cubières. *Paris*, 1789, in-8, d. rel., v. viol.

639. Histoire de la détention des philosophes et des gens de lettres à la Bastille et à Vincennes, précédée de celle de Foucquet, de Pellisson et de Lauzun, avec tous les documents inédits, par J. Delort. *Paris*, 1829, 3 vol. in-8, fig., d. rel. v. f., n. rog.

640. Le Champ du Repos, ou le cimetière Mont-Louis, dit du Père Delachaise, par MM. Royer père et fils. *Paris*, 1816, in-8, portr., pl. nombr., d. rel., n. rog.

641. Description du monument érigé à la gloire du roy, par le maréchal duc de La Feuillade, avec les inscriptions de tout l'ouvrage. *Paris*, 1686, in-4, d. rel. v. f. (*Koehler*).

642. Déclaration du roy pour l'établissement de la place de Louis-le-Grand sur l'emplacement restant de l'hôtel de Vendosme et de l'ancien couvent des Capucines, et la construction d'un hôtel pour le logement des mousquetaires au faubourg Saint-Antoine, du 7 avril 1699. *S. l. n. d.*, in-4, cart.

643. Le véritable Advis présenté au roi et à la reine régente, le 27 juillet 1651, touchant le canal qui est à faire pour empescher la creûe des eaux, par le Sr. du Marsay. *S. l. n. d.*, in-4, pl. vél.

Dans le même vol. : Propositions et Advis pour la descharge des grandes eauës de Paris. *Pâris*, 1651. — Discours fait le 24 may 1658, touchant les remèdes qu'on peut apporter aux inondations de la rivière de Seine, par le sieur Petit. *Paris*, 1658 ; etc., etc.

644. Architecture singulière. L'Éléphant triomphal, grand kiosque à la gloire du roi, par Ribart. *Paris*, 1758. in-4, pl., cart.

645. Mémoire sur la construction de la coupole projetée pour couronner la nouvelle église de Sainte-Geneviève, à Paris, par Patte. *Paris*, 1770, in-4, cart.

646. Projet d'un palais national et d'une place pour le roi, par Rousseau. *Paris*, 1790, in-4, pl., cart.

647. Lettres à M. Franklin sur la marine, et particulièrement sur la possibilité de rendre Paris port, par David Le Roy. *Paris*, 1790, in-8, v. j., fil., tr. d.

648. Discours sur les monuments publics, par Armand-Guy Kersaint. *Paris*, 1792, in-4, d. rel. v. ol., n. rog., avec les plans.

649. Paris, ou recueil de pièces sur ses embellissements exécutés ou projetés depuis le règne de Napoléon Ier. *Paris*, s. d., in-4, d. rel. v. ol.

650. Monument d'utilité publique décrété par Napoléon Ier; construction d'une halle aux vins, aux eaux-de-vie et autres liquides à Paris. *S. l. n. d.*, in-4, pl., cart., n. rog.

651. Mémoire à l'appui d'un projet, pour placer conformément aux intentions de Sa Majesté, la Bourse, le Tribunal de commerce et la Banque de France dans les constructions de la nouvelle église de la Madeleine, par P. Vignon. *Paris*, 1806, in-4, pl., cart.

652. Description d'un projet de monument érigé à la gloire de Henri IV et de ses fils, à élever sur l'emplacement du terre-plein du Pont-Neuf, à Paris, avec plan, élévation et détails en grand, par Thiollet. *Paris*, 1814, in-4, cart., n. rog.

653. Projets pour l'amélioration et l'embellissement du 10e arrondissement, par Léon de Laborde. *Paris*, 1842, in-4, pl., cart.

ee. Établissements scientifiques de Paris.

654. Partie des pièces et actes qui concernent l'estat présent et ancien de l'Université de Paris. *Paris*, 1653, in-4, vél.

655. Le Livre Bleu, ou Titres de l'Université de Paris. 1 vol. in-4, v. j.

Partie des pièces et actes qui concernent l'estat présent et ancien de l'Université de Paris. *Paris*, 1653. — Reformatio Universitatis Parisiensis facta a cardinale Totanilleo, anno Domini 1452, etc., etc.

656. Mémoire touchant la seigneurie du Pré-aux-Clercs appartenante à l'Université de Paris. *Paris*, 1694, in-4, pl. br.

657. Seconde apologie povr l'Vniversité contre le liure fait par les jesuites pour response à la première apologie (par G. Hermant). *Paris*, 1643, in-8, vél.

658. Liste des noms, surnoms et demeures de Messieurs les Grands Messagers jurés de l'Université de Paris. *Paris*, 1769, in-16, mar. r., fil., tr. d., arm.

659. L'Édict du Roy sur les articles faictz par la Faculté de Théologie de l'Université de Paris concernant nostre foy et religion chrestienne et forme de prescher avec un aultre édict sur la juridiction des Prélats et Inquisiteurs de la Foy. *S. l.*, 1513, pet. in-8, goth., v. f., tr. d.

660. Le Catalogue des livres examinés et censurés par la Faculté de théologie de l'Université de Paris, depuis 1544 jusqu'en 1551. *Paris*, 1551, pet. in-8, v. f., fil., tr. d. (*Bauzonnet-Trautz*).

661. Le College royal de France, ou institution, establissement. *Paris*, 1644, in-4, d. rel. mar. viol. (*Légère piqûre*).

662. Mémoire historique et littéraire sur le Collége royal de France par l'abbé Cl. P. Goujet. *Paris*, 1758, 3 vol. in-12, v. m.

663. Histoire de la Sorbonne, dans laquelle on voit l'influence de la théologie sur l'ordre social, par l'abbé J. Duvernet. *Paris*, 1790, 2 vol. in-8, d. rel. v. ant.

664. Curieuses recherches sur les écoles en médecine, de Paris et de Montpellier, par un ancien docteur en médecine de la Faculté de Paris (Riolan). *Paris*, 1651, in-8, vél.

665. Statuts de la Faculté de médecine en l'Université de Paris, recueillis par Me Denis Puylon. *Paris*, 1672, in-4, v. m.

Plusieurs autres pièces aj. — Règlements pour les boutiques. — Arrêts entre la Faculté de médecine et les barbiers, etc. — Mémoire contre la communauté des maîtres barbiers et chirurgiens.

666. Statuts de la Faculté de médecine en l'Université de Paris, mis en ordre par Denis Puylon (arrêts, sentences, etc., 9 pièces). *Paris*, 1672, in-4, mar. r., fil., comp., arm., tr. d. (*Ancienne reliure*).

667. Description du Jardin Royal des plantes médicinales estably par Louis le Juste à Paris, par Guy de La Brosse. *Paris*, 1636, in-4, planches, d. rel. mar. v. (*Trautz-Bauzonnet*). *Rare.*

668. Danielis Maichelii introductio ad historiam literariam de præcipuis bibliothecis Parisiensibus, locupletata annotationibus atque methodo. *Cantabrigæ*, 1721, in-8, v. m.

669. Itinéraire de l'ami des arts, ou Statistique générale des académies, bibliothèques, etc., etc., de Paris et des départements par C. O. Blanchard-Boismarsas. *Paris*, 1821, in-8, perc. bl. (*Koehler*).

670. Essai historique sur la Bibliothèque du roi (avec l'Essai sur les bibliothèques de Paris), par Le Prince l'aîné. *Paris*, 1782, in-12, cart.

671. Histoire abrégée du Cabinet des médailles et antiques de la bibliothèque nationale, par A. L. Cointreau. *Paris*, 1800, in-8, fig., d. rel. v. f.

672. Histoire du Cabinet des médailles, antiques, et pierres gravées avec une notice sur la Bibliothèque royale, et une description des objets exposés dans cet établissement, par Marion du Mersan. *Paris*, 1838, in-8, d. rel. perc. bl. (*Koehler*).

ff. Beaux-Arts ; Théâtres.

673. Établissement de l'Académie royale de peinture et sculpture. *Paris*, 1723, in-4, mar. r., fil., tr. d.

674. Établissement de l'Académie royale de peinture et de sculpture par lettres patentes du roy. *Paris*, 1723, in-4, d. rel. mar. br.

675. Esprit des statuts et règlements de l'Académie royale de peinture et de sculpture pour servir de réponse aux détracteurs de son régime. *S. l. n. d.* in-4, cart.

676. Statuts des peintres et sculpteurs de l'Académie de Saint-Luc de la ville de Paris. *Paris*, 1738, in-4, fr. gr., v. gr.

677. Lettres patentes du roy qui approuvent et confirment les statuts de la communauté et académie de St-Luc de peinture, sculpture de la ville de Paris, avec les sentences, arrêts et règlements, réimprimés à la diligence de J. D. Coullonjon, J. B. Chevillon, P Bunele et J. J. Adan. *Paris*, 1753, in-4, fr. gr., br.

678. Règlement de la Société des arts. *Paris*, 1730, in-18, br.

679. Recueil de descriptions de peintures et d'autres ouvrages faits pour le roy, par Félibien, suivis du divertissement de Versailles, etc. *Paris*, 1689, in-12, v. m.

680. Titres concernant l'Académie royale de musique. *S. l.* 1740, in-4, d. rel. v. ant. (*Koehler*).

681. Recueil de pièces sur l'opéra,

Savoir : Histoire et abrégé des ouvrages latins, italiens et françois pour et contre la comédie et l'opéra. *Orléans, Paris*, 1697, in-12, vél. — Lettre de M*** à une de ses amies sur les spectacles et principalement sur l'Opéra-Comique. *S. l.*, 1746, in-12, d. rel. bas. — Mémoire pour le sieur de Lanoue, la demoiselle Gaussin et consorts, opposans à la réception de la demoiselle Cléron, 1743, in-12, br. — Réflexions sur l'Opéra, par Rémond de Saint-Mard. *La Haye*, 1741, in-12, br. — Les 21 chapitres de la prophétie de Gabr.-Joan. Nepomuc. Fr. de Paula Waldstorch, dit Waldstoerchel qu'il appelle sa vision. Lat. Canticum cygni Bohemici. *Prague*, s. d., in-12.— Règlement pour l'Opéra de Paris avec des Notes historiques. *A Utopie*, 1743, in-12, fr., br.

682. Lettres patentes du roy pour l'établissement de l'Académie royale de danse de Paris en mars 1662. *Paris*, 1663, pet. in-12, d. rel.

683. Recueil des plus excellens ballets de ce temps, etc. *Paris*, 1612, pet. in-8, v. f. (*Anc. rel.*).

684. Le balet du Landy, dansé au Louvre deuant sa maiesté le 10 février 1627. *Paris*, 1627, pet. in-8, mar. bleu, tr. dor. (*Duru*).

Plaquette rarissime.

685. Ballet du Temps (par Balthazar du Buret). Ballet de la Puissance d'Amour (par Vincent Bonart), qui se danseront au jeu de paume du petit Louvre, aux Marests du Temple. *Paris*, 1633, pet. in-8, d. rel. mar. r.

686. Histoire anecdotique et raisonnée du théâtre italien depuis son rétablissement en France, jusqu'en 1769 (par Desboulmiers). *Paris*, 1769, 9 vol. in-12, v. f., fil.

687. Le théâtre italien ou recueil de toutes les comédies et scènes françoises jouées sur le Théâtre-Italien. *Paris*, 1695, 3 vol. in-12, fr., v. gr., fil.

688. Le Théâtre de la Foire ou l'opéra-comique, contenant les meilleures pièces représentées aux foires de Saint-Germain et de Saint-Laurent, recueillies par Le Sage et d'Orneval. *Paris*, 1737, 10 vol. in-12, fr., fig. nombr., v. f., fil., dent., tr. d. (*Bozerian jeune*).

689. Étrennes logogriphes du théâtre et du Parnasse. *Paris*, 1734, pet. in-18, v. ant., fil. (*Bauzonnet*).

690. Almanach des spectacles et théâtres de Paris depuis 1751 à 1815, 59 vol. fig. — État actuel de la musique du roi et des trois spectacles de Paris de 1769 à 1774, 6 vol., fig. L'Almanach parisien de 1774 à 1785, 9 vol. — Ensemble 64 vol. in-16 de différentes rel. mar. r., v. v., f., j., et br., tr. d., armes.

Parmi tous ces volumes il y a des lacunes dans les années et quelques volumes sont doubles.

b. Histoire ecclésiastique.

aa. Saints du diocèse de Paris ; Conciles.

691. Vies des saints du diocèse de Paris, enrichies de notes historiques, critiques, etc., par l'abbé Hunkler. *Paris*, 1833, 2 t. en 1 vol. in-8, d. rel. v. ant.

692. La Vie apostolique de saint Denis Aréopagite, par le R. P. Estienne Binet. *Paris*, 1629, in-12, vél.

693. Vindicata Ecclesiæ Gallicanæ de svo Areopagita Dionysio gloria. Auctore Domno Germano Millet; responsio ejusd. *Parisiis*, 1638-42, 2 part., 1 vol. pet. in-8, mar. r., fil., comp., tr. d.

694. Joannis Launoii Constantiensis Varia de duobus Dionysiis Atheniensi et Parisiensi opuscula. *Parisiis*, 1660, in-8, vél.

695. De Vnico S. Dionysio Areopagita, aduersus Joannis de Lavnoy discvssionem milletianæ responsionis diatriba. *Parisiis*, 1643, in-8, vél.

696. Histoire chronologique pour la vérité de S. Denys, Aréopagite, évesque de Paris, par le P. Jacques Doublet. *Paris*, 1646, in-4, v. f., fil.

697. La Vie de madame saincte Geneuiefue.—*Cy finist la vie madame saincte Geneuiefue et les miracles qu'elle faisoit.* S. l. n. d., in-4, goth. de 6 ff. à 30 lignes par page, vél.

Édition FORT RARE; sur le titre se trouve la marque de Jeh. Trepperel.

698. L'Histoire de sainte Geneviève de Paris, avec un brief recueil des choses antiques de la maison, par F. Pierre le Juge. *Paris*, 1588, in-8, vél.

699. La Vie et miracles de sainte Opportune, abbesse; la translation de ses reliques et fondation de son église à Paris, par Nicolas Gosset. *Paris*, 1655, in-8, fig., vél.

700. Recueil des conciles nationaux tenus en 1797 et 1801 à Paris. 2 vol. in-8, d. rel. v. v.

C'est un recueil fort rare dont l'introduction est manuscrite.

bb. Pouillés du diocèse et Histoire des églises de Paris.

701. Archevêché de Paris avec ses divisions et subdivisions, par L. Denis. *Paris*, s. d., pet. in-8, bas. m.

Ouvrage entièrement monté sur onglets avec de nombr. cartes et un joli front. de Marillier.

702. Dictionnaire historique, critique, politique et moral des bénéfices, par M. H. D. C. (Hennique de Chenilli). *Paris*, 1778, in-8, d. rel. v. f.

Il n'a paru qu'un premier volume contenant le diocèse de Paris.

703. Pouillie général contenant les bénéfices de l'archevesché de Paris et des diocèses de Chartres, Orléans, Meaux. *Paris*, 1788. in-4, d. rel. v. ant.

704. De Vita Francisci de Harlai Rothomagensis primum, deinde Parisiensis archiepiscopi libri. Auctore Ludovico Le Gendre. *Parisiis*, 1720, in-4, portr., v. br.

705. Recueil de pièces en 1 vol. in-4, d. rel. v. f.

Mandements de l'archevêque de Paris, de 1673 à 1746.

706. Itinéraire de l'artiste et de l'étranger dans les églises de Paris, par Grégoire. *Paris*, 1833, in-8, d. rel. v.

707. Chronologie histor. de MM. les curés de Saint-Benoît depuis 1181 jusqu'en 1752. *Paris*, 1752, in-12, d. rel. v. (*Avec portraits*).

708. Estat des fondations faites et qui s'acquittent dans l'église paroissiale de S. Jacques de la Boucherie. *De l'imprim. de Ch. Chenault*, 1678, in-8, v.

709. Ordre des cérémonies qui doivent être observées pour la bénédiction d'une cloche, suivant le rite parisien. *S. l. n. d.*, pet. in-8, v. m., fil., tr. d.

710. Ordre des cérémonies qui doivent être observées pour la bénédiction d'une cloche en l'église de S. Jacques de la Boucherie de Paris. *Paris*, 1780, in-8, v. f.

711. Traité de l'antiquité, vénération et privilége de la Sainte Chapelle du Palais-Royal de Paris, par M. Seb. R. (Sébastien Rouillard). *Paris*, 1606, in-8, v. f., fil., tr. d. (*Rare*).

712. Explication du tableau présenté à l'église de Sainte-Geneviève par les prévôt des marchands et échevins de Paris. 1696, in-4, cart.

713. Regalis Ecclesiæ S. Germani de Pratis ad sedem apostolicam immediate pertinentis jura brevi compendio propugnata, auctore D. Roberto Quatremario. *Lut. Par.*, 1668, in-4, v. br.

714. Martirologe ou Mémoire de toutes les fondations faites dans l'église de S. Germain le Vieil. *S. l. n. d.*, in-4, fig. de S. Germain, évêque de Paris, v. gr.

715. Mandement de Mgr le C. de Noailles, archevesque de Paris, à l'occasion du miracle opéré dans la paroisse de Sainte-Marguerite, le 31 may, jour du S. Sacrement. *Paris*, 1725, in-4, d. rel. v. f. (*Trautz-*

Bauzonnet), avec le portrait de Mme de La Fosse ajouté.

716. Vie de Madame La Fosse, guérie miraculeusement le 31 mai 1725 à la procession du S. Sacrement de la paroisse Sainte-Marguerite. *En France*, 1769, in-12, portr., d. rel. v.

717. Discours préliminaire de l'inventaire des titres et papiers étant au trésor de la fabrique Sainte-Marine et des ornemens, argenterie, meubles, etc., par François Brigeon. *Paris*, 1760, in-12, d. rel. mar. r. (*Koehler*).

718. Dessein des assemblées de la bourse cléricale établie à S. Nicolas du Chardonnet pour l'instruction des ecclésiastiques destinez au service des églises paroissiales. *Paris*, 1677, in-12, n. rel.

719. Cérémonies de la dédicace de l'église de Saint-Sulpice. *Paris*, 1745, in-4, d. rel. v. f.

720. Compte des recettes et dépenses faites par M. Deyeux, en qualité de marguillier comptable de la paroisse Saint-Sulpice dans les années 1789-1790. 2 vol. in-fol., ms., v. m.

721. Compte que rend le sieur Jean de Bure, libraire à Paris, de la recette et dépense par luy faites pendant l'année 1746, des revenus de l'œuvre et fabrique de S. André des Arcs, en qualité de marguillier comptable. In-fol. ms., v. m.

722. Compte pour l'œuvre et fabrique de l'église S. André des Arcs rendu en 1750, par Henry Boulard, écuyer, avocat au parlement, conseiller du roy, notaire à Paris, en qualité de marguiller comptable de cette paroisse. 1 vol. in-fol, sur pap.

Un volume relié de la bibliothèque de M. Monteil; plus divers cahiers sur ces matières.

723. Compte rendu par Charles Havart et Jean Damanne, juré ayde aux mouleurs de bois, tous deux

marguilliers comptables de l'œuvre et fabrique de S. Médard et bourgeois de Paris, en l'année 1710. In-fol., v. m.

Manuscrit sur papier bien écrit et relié pour la fabrique avec l'inscription.

724. Inventaire de la sacristie de l'église de l'Oratoire à Paris, rédigé le 3 septembre 1757, vérifié par le R. P. de Lavalette, général de la congrégation. 1 vol. in-4, cart.

On trouve à la fin une pièce de deux feuillets d'une écriture du XVIIe siècle, sur l'établissement, à Paris, de la première maison de la congrégation des prestres de l'Oratoire.

cc. Confréries érigées dans les églises de Paris.

725. Le Calendrier de toutes les confreries de Paris, tant de celles de devotion que de celles des nobles communautez, marchands, bourgeois, gens de mestier, artisans et mecaniques (J. B. Le Masson Foresien). *Paris*, 1621, in-12, d. rel. v.

Volume rare dont le calendrier est orné de portraits.

726. Règlement pour les porteurs des reliques en la procession de la confrerie N. D. de Bonne-Délivrance, erigée en l'eglise Saint-Estienne des Grecs. *Paris*, 1641, in-12, vél., fil., comp., tr. d.

727. Processionnaire pour les confrairies des seculiers pénitens tant d'un que d'autre sexe. *Lyon*, 1645, in-8, fig. color., vél., fil., comp., dent., tr. d. (*Taché*).

728. Les Heures, prières et exercices spirituels des confrères du saint Rosaire de la sacrée Vierge, par le P. Jean de Rechac de Sainte-Marie. *Paris*, 1669, in-12, v. gr. (avec figures d'Herman Weyen).

729. Prières et instructions à l'usage de la confrérie de la sainte Vierge, saint Sébastien et saint Roch, érigée en l'église des Quinze-Vingts, par Pierre Racine. *Paris*, 1728, in-12, fig., v. m.

730. L'Adoration perpétuelle du Très-Saint Sacrement de l'autel établie en l'église de l'hôtel des Invalides. *Paris*, 1729, in-16, fig., v. gr.

731. Etablissement de la confrérie du précieux sang de N. S. J. C. érigée par le pape Clément XI. *Paris*, 1732, in-16 obl., v. br. (*Taché*).

732. Exercices spirituels pour les confrères et sœurs de la confrérie du S. Sacrement de l'église S. Jacques de la Boucherie. *Paris*, 1740, in-8, mar. r., dent.

733. Pratiques et Règlemens de la confrérie du Sacré Cœur de Jésus, établie le 17 octobre 1748, au monastère de la Visitation-Sainte-Marie, à Paris, in-24, br.

734. La Solide dévotion à la passion de N. S. Jésus-Christ érigée en l'église des Jacobins rue St-Jacques. *Paris*, 1782, pet. in-12, v. j.

735. Les offices du saint nom de Jésus, de saint Louis et de sainte Véronique à l'usage de la communauté des dames marchandes lingères de Paris. *Paris*, 1744, in-12, mar. v. dent.

dd. Heures à l'usage du diocèse, et Offices propres des églises de Paris.

736. Heures à l'usage de Paris toutes au long sans rien requerir, nouvellement imprimées audict lieu avec plusieurs belles histoires. *Paris*, *veuve de Thielman Kerver*, *rue Saint Jacques*, *à l'enseigne de la Licorne*. 1525, pet. in-4, mar. r. (*Anc. rel.*).

Snperbe exemplaire d'une belle conservation avec entourages et gravures en bois à chaque page.

737. Heures a l'usaige de Paris, *nouuellement imprimées à Paris par Jehan Hardouyn marchant libraire et imprimeur demourant entre les deux portes du Palais à l'image Saincte Marguerite* (1545). Contemplations et très deuotes méditations sur le sacre mistere de la passion de nostre Saulveur et Re-

dempteur J. C. — Les quinze effusions du sang de N. S., en un vol. pet. in-8 goth., vélin, fil., tr. dor. (*Trautz Bauzonnet*).

Très-joli exemplaire d'un petit volume dont l'ornementation a été combinée avec beaucoup de goût, et qui contient une foule de gravures sur bois de différents genres. Le texte, en noir et rouge, est entouré d'un encadrement à chaque page.

738. Heures imprimées par l'ordre de Mgr le cardinal de Noailles, archevêque de Paris. *Paris*, 1728, pet. in-8, mar. v., à compartiments, mosaïque doublée de mar. v. dent. et de satin r., tr. d. (*Riche rel.*).

739. Breve Parisiense pro anno Domini 1781, Paschâ occurrente 15 aprilis. — Obituarium Parisiense 1781. *Parisiis*, in-8, mar. r. dent., tr. d.

740. Offices propres de l'église paroissiale de S. André des Arcs. *Paris*, 1745, in-12, mar. r. (*Anc. rel.*).

741. Offices propres de l'église paroissiale de S. André des Arcs. *Paris*, 1745, in-12, v. gr.

742. L'Office de saint Charles Borromée, lat.-franç. *Paris*, 1707, in-8, mar. r., tr. d.

743. Office propre de S. Charles Borromée, lat.-franç. *Paris*, 1758, mar. r. dent., tr. d.

744. Offices propres à l'usage de l'église de S. Etienne du Mont, latin-français (avec plain-chant). *Paris*, 1771, in-8, mar. r., fil., tr. d.

745. Offices propres de l'église paroissiale de S. Eustache. *Paris*, 1740, in-8, mar. r., tr. d.

746. Office de sainte Geneviève, patronne de Paris et du royaume, lat.-franç. *Paris*, 1765, in-8, fig., mar. r., fil., tr. d. (*Anc. rel.*).

747. Offices des différentes fêtes de sainte Geneviève de Paris, avec un abrégé de sa vie. *Paris*, 1774, in-12, v. b., t. d.

748. Officium sancti Germani Autissiodorensis, Parisiis. *Parisiis*, 1722, in-12, mar. noir, tr. d.

749. Offices propres de l'église royale et paroissiale de Saint-Germain l'Auxerrois. *Paris*, 1745, in-8, mar. cit., tr. d.

750. Officium SS. Gervasii et Protasii in die et per octavam. Studio D. Caroli Francisci Talon. *Parisiis*, 1623, in-8, fr., mar., fil., comp., dent., tr. d. (*Anc. rel.*).

751. Officium SS. Gervasii et Protasii in die et per octavam. Studio D. Jacobi Sachot. *Rothomagi*, 1671, pet. in-4, fr., mar. noir, fil., comp., tr. d.

752. L'Office de S. Gervais et de S. Protais avec les autres offices propres à cette paroisse. *Paris*, 1740, in-12, v. rac.

753. Propre de l'église paroissiale de Saint-Hilaire. *Paris*, 1755, in-12, fig., mar. r., fil., tr. d.

754. Office de saint Jacques le Majeur, apostre, nouvellement dressé pour l'église paroissiale de Saint-Jacques la Boucherie. *Paris*, 1769, in-8, fig., mar. r., dent., tr. d. (*Anc. rel.*).

755. Offices propres de la paroisse de S. Jacques du Haut-Pas. *Paris*, 1760, in-12, v. gr.

756. Offices propres à l'église de S. Jean en Grève. *Paris*, 1742, in-8, fig., mar. r., dent., tr. d.

757. Offices propres de l'église paroissiale de S. Josse. *Paris*, 1743, in-12, v. gr., tr. d.

758. Offices propres de l'église paroissiale de Saint-Landry. *Paris*, 1745, in-12, v. m.

759. Le Propre de S. Laurent de Paris. 1691, pet. in-12, v. b.

760. Offices qui se chantent dans l'église paroissiale de S. Leu, S. Gilles, à Paris, le 3 juillet. *S. l.* 1762, in-12, v. m.

761. Offices propres de S. Louis, roy de France, fondateur de l'église des Quinze-Vingts et de S. Remi,

patron de ladite église, lat. et franç. *Paris*, s. d., in-12, v. j., fil., dent., tr. d.

762. L'Office de S. Louys, roy de France et confesseur. *Paris*, 1690, in-12, fig., mar. r., fil., tr. d.

763. L'Office de S. Louis, roy de France et confesseur. *Paris*, 1742, in-12, fig., mar. r., fil., tr. d.

764. Offices propres de l'église paroissiale Saint-Louis en l'Isle, lat.-franç. *Paris*, 1742, in-12, v. br.

765. Les Offices des diverses fêtes de l'année qui se célèbrent à Paris en l'église de Sainte-Marie Egyptienne. *Paris*, 1702, in-8, fig., mar. r., tr. d.

766. Les Offices des diverses fêtes de l'année qui se célèbrent à Paris en l'église de Sainte-Marie Egyptienne. *Paris*, 1739, in-8, mar. v., fil., tr. d. (gros caractère).

767. Offices propres de la paroisse de S. Martin à Paris. *Paris*, 1774, in-12, v. gr.

768. Offices propres de l'église collégiale et paroissiale de Saint-Merry, abbé. *Paris*, 1761, in-12, fig., v. gr.

769. Propre de l'église royale et paroissiale de S. Paul, lat.-franç. *Paris*, 1732, in-8, fig., mar. r., tr. d.

770. Office propre de S. Roch, avec sa vie en françois. *Paris*, 1669, in-12, v., fil., tr. d. (*Anc. rel.*).

771. Saluts qui se chantent pendant l'année, en l'église paroissiale de S. Roch. *Paris*, 1754, in-8, fil. dent., tr. d. (*Armoiries*).

772. Offices propres de S. Roch. 1760, mar. noir.

773. Offices propres de l'église paroissiale et archipresbytérale de S. Séverin. *Paris*, 1738, in-12, v. gr.

774. Proprium insignis ecclesiæ S. Clodoaldi, diocesis Parisiensis. *Parisiis*, 1702. — La Vie de S. Cloud. *Paris*, 1696, in-12, mar. noir, fil., tr. d., fig. en bois.

ee. Abbayes et congrégations du diocèse de Paris.

775. Histoire du monastère et Couvent des pères célestins de Paris contenant ses antiquités et priviléges, ensemble les tombeaux et épitaphes des rois, des ducs d'Orléans et autres avec le testament du duc d'Orléans, par le P. Louys Beurrier. *Paris*, 1634, in-4, fr., vél.

776. Description (en vers) de l'origine et première fondation de l'ordre sacré des chartreux, naifvement pourtraicte au cloistre des chartreux de Paris, trad. par F. François Jary. *Paris*, 1578, in-4, d. rel. v. f., n. rog.

Réimpression d'après l'original, tiré à petit nombre.

777. Mémoire historique sur la ci-devant communauté des écoles chrétiennes du faubourg Saint-Antoine, par Renaud. *Paris*, an XII, in-8, cart.

778. Dissertation de M. du Hamel sur les priviléges de l'abbaye de Saint-Germain des Prez, traduit du latin. *Paris*, 1668, pet. in-12, vél.

779. Défense des droits de l'abbaye royalle de Saint Germain des Prez, par D. Robert Quatremaires. *Paris*, 1668, in-12, vél. (*Rare*).

780. Martiana id est Literæ, tituli, cartæ, privilegia, et documenta, tam fundationis, dotationis et confirmationis, per Henricum I, Philippum I, Ludovicum VI-VII-XII et Franciscum I et quam statuta reformationis monasterii S. Martini a Campis. *Parisiis*, 1606, pet. in-8, tit. gr., v. f. (*Anc. rel.*).

781. Monasterii regalis S. Martini de Campis Paris., ordinis Cluniacensis, Historia, per Martinum Marrier. *Parisiis*, *s. d.*, in-4, portr. du cardinal de Richelieu et fig. dans le texte, d. rel. v. ant. (*Koehler*).

782. La Famille chrestienne sous la conduite de saint

Joseph. fondée à Paris par le roy et la reyne régente. *Paris*, 1644, in-12, vél.

783. Règlement du séminaire de Saint-Firmin de la congrégation de la mission établie au collége des Bons-Enfans. *Paris*, 1722, in-8, v. gr.

784. Histoire du Mont-Valérien, dit le mont Calvaire, près Paris (par J. Le Royer). *Paris*, 1658, pet. in-12, br., n. rog.

785. Histoire du Mont-Valérien, dit le mont de Calvaire, près Paris. *Paris*, 1658, in-12, fig., vél.

786. Le Calvaire profané ou le Mont-Valérien usurpé par les jacobins réformés du faubourg Saint-Honoré à Paris, adressé à eux-mêmes (poëme en vers par Jean Duval, prêtre). *A Cologne*, 1670, pet. in-12, mar. r., fil., tr. d.

787. Pèlerinage du calvaire sur le Mont-Valérien et les fruits qu'on doit retirer de cette dévotion, par de Pontbriand. *Paris*, 1750, in-12, fig., v. j., fil., tr. d.

788. Règle et constitutions des frères Hermites du Mont-Valérien, *près Paris*, 1776, in-12, v. m.

789. Livre d'église et cérémonial des Hermites du Mont-Valérien. *Paris*, 1786, in-4, portr., v. gr.

790. Reigle et status des monastères de vierges de Sainct-Benoist réformées au diocèse de Paris, distinguée par chappitres. In-8, rel. ant. du temps.

Manuscrit de 92 feuillets en belle écriture, xve siècle, sur très-beau vélin. — On y trouve les règles des religieuses de l'abbaye de Chelle, près Lagny.

Le volume commence par une préface du Riveraud, père en Dieu, Mgr de Paris aux Moniales (*sic*).

791. Constitutions pour la maison des nouvelles catholiques de Paris. *Paris*, 1675, in-12, mar. r., fil. comp., tr. d. (*Anc. rel.*).

792. Recueil de diverses pièces concernant le monastère

de Charonne et le procès-verbal du clergé. *Cologne*, 1681, in-12, v. m.

793. La règle de l'étroite observance de Sainte Claire, avec les constitutions. *Paris*, 1733, pet. in-8, cart.

794. Divers actes, lettres et relations des religieuses de Port-Royal, du Saint-Sacrement, touchant la persécution et les violences qui leur ont été faites au sujet de la signature du formulaire. *S. l. ni d.*, in-4, vél. v.

795. Règlement pour les Sœurs officières de la maison de Saint-Loüis de la Salpêtrière. *S. l. ni d.*, in-4, v. m.

Manuscrit d'une belle et grande écriture bâtarde de 232 pages.

796. Règlement en forme de constitutions pour la communauté des filles de la Sainte-Trinité, établie sur la paroisse de Sainte-Marguerite à Paris. *S. l.*, 1777, in-12, v. j.

797. Cérémonial des vestures et professions pour les religieuses de Sainte-Ursule de la congrégation de Paris. *Paris*, 1668, in-8, v.

798. La règle du bienheureux saint Benoist, avec les constitutions qui y ont esté accommodées pour la réforme de l'abbaye royale de N.-D. du Val-de-Grâce. *Paris*, 1676, in-12, v. gr.

799. Antiphonier bénédictin pour les religieuses du monastère de Mont-Martre. *Paris*, 1646, in-4, fig., mar. noir, tr. d.

800. Règlemens des offices de l'abbaye royale de Montmartre, selon les anciennes pratiques et conformément à la règle de S. Benoist. *Paris*, 1671, in-16, mar. r., fil., tr. d. (*Anc. rel.*).

c. *Histoire judiciaire et administrative.*

aa. Cours souveraines établies à Paris.

801. Mémoires du parlement de Paris, par J. J. M. Blondel. *Paris*, s. d., 4 vol. in-8, d. rel. v. f.

802. Le Stile de parlement avec l'instruction et stilles des requestes; la déclaration des pays et prouinces subiects à ladicte court. Et les noms des procureurs en icelle. — *Icy finist le Stille de parlement auec le stille des requestes et les noms des procureurs subjetz audit parlement et aussi les noms des procureurs. Imprime à Paris par Jehan Treperel demourant à la rue Neufve Nostre Dame à l'escu de France.* = Le Stille du Chastellet pour monstrer à ung chascun à aprendre quelle ordre est en court laye de proceder en la ville et viconté de Paris par la coustume notoirement garder pour droit. Et comment aucun pourra estre procureur et puis apres advocat.— *Icy finist le Stille de Chastelet pour monstrer à ung chascun à aprendre quelle ordre est en court laye de proceder en la ville et viconté de Paris et la coustume notoirement garder pour droit. Et comment aucun pourra estre procureur et puis après advocat.* — 2 part. en 1 vol. in-4, goth., v. f., fil.

La marque de Jeh. Treperel se trouve sur chacun de ces deux opuscules imprimés dans le commencement du XVIe siècle.

803. Histoire des avocats au parlement et du barreau de Paris, par Fournel. *Paris*, 1813, 2 vol. in-8, d. rel. v. ant.

804. Armorial de la Chambre des comptes depuis l'année 1506, par Mlle Denys. *Paris*, 1780, in-4 (*le premier vol.*), fig., v. m.

805. Ressort immédiat et général de la Cour des monnoyes de Paris. *S. l. n. d.*, pet. in-4, ms., v. br.

Manuscrit d'une bonne écriture de plus de 600 pages.

806. La Coutume de Paris, mise en vers français (par M. G. D. (Garnier des Chesnes). *Paris*, 1787, pet. in-12, d. rel. mar. bl., n. rog.

bb. Juridiction municipale et consulaire ; Police.

807. ORDONNANCES ROYAULX de la iurisdicion de la prevosté des marchãs et eschevinaige de la ville de Paris constituez et ordõnez tant par les feuz roys que p. le roy nostre sire, Frãcoys premier de ce nom et plusieurs arrestz et ordõnances de la court de parlemêt avec plusieurs beaulx privileges dõnez aux bourgeois de Paris; extraictz et corrigez sur les registres de l'hostel d'icelle ville. *Imprimé nouvellement à Paris, en la boutique de Jacqes Niverd*, s. d., in-f° gothique, mar. r., tr. d. (*Trautz-Bauzonnet*).

SUPERBE EXEMPLAIRE.

808. Les Ordonnances royaux, sur le faict et juridiction de la prevôté des marchans et eschevinage de Paris. *Paris*, 1556, in-4, d. rel. v. ant. (*Petit*).

809. Les Ordonnances royaux sur le faict et juridiction de la prevosté des marchands et eschevinage de Paris. *Paris*, 1582, in-4, vél.

810. LES ORDONNANCES ROYAUX, sur le faict et juridiction de prevosté des marchands et eschevinage de la ville de Paris, reveues de nouveau. Ensemble les privileges concedez par les rois de France aux bourgeois de Paris, avec le catalogue des prevosts et eschevins d'icelle ville, jusques à present. *Paris, Frederic Morel*, 1608, in-fol., mar. v., fil., tr. d. (*Anc. rel.*)

Bel exemplaire aux armes de DE THOU, et dont les plats sont tout parsemés de fleurs de lis. Il provient de la collection de M. de Bure.

811. Ordonnances de Louis XIV, concernant la juridiction des prévosts des marchands et eschevins de la ville de Paris. *Paris*, 1685, in-16, v. m.

812. Recueil de pièces impr. et mss. (Mélanges sur la charge de prévôt de Paris), in-fol., v. m.

813. Controlle des compagnies de la garde de Paris,

des ports et des remparts et de celle du guet qui ont passé en revuës devant Mgr. le duc de La Vrillière, en may 1774, in-8, ms., mar. r., doubl. de moire bl., dent., tr. d., arm.

D'une bonne écriture.

814. Controlle des compagnies de la garde à cheval et à pied de Paris, de celles des ports et remparts et de la compagnie du guet qui ont passé en revüe devant Mgr Ancelot, ministre et secrétaire d'État, le 5 juin 1776, pet. in-4, ms., v. f., fil., tr. d., arm.

Manuscrit sur papier.

815. Recueil des chartes, créations et confirmations des colonels, capitaines, majors, officiers, arbalestriers, archers, arquebusiers et fusiliers, par Hay. *Paris*, 1770, in-fol., portr. et 44 planches col., mar. r., fil., dent., tr. d. (*Armoiries*).

816. Recueil contenant les édits et déclarations du roy sur l'établissement et confirmation de la jurisdiction des consuls de Paris. *Paris*, 1705, in-4, mar. r., fil., dent., tr. d., arm.

817. Mémoires et instructions pour le faict des rentes constituées sur l'hostel de ville. *Paris*, 1616, in-8, br.

818. Règlement général pour le rabais des loyers des maisons, du 22 août 1625, signé Musnier. *Paris*, 1625, pet. in-8, cart.

819. Urbis reparatae et amplificatae inscriptiones. Auctore Santolio Victorino. *S. l.*, 1687. — Estat général de la distribution du payement des rentes de l'hôtel de ville de Paris, assignées sur les aides, gabelle et clergé. *Paris*, 1685. — La Tontine, ou Recueil de ce qui s'est fait pour les rentes viagères, créées sur l'hostel de ville de Paris, 1690, pet. in-12, v. f., fil., tr. d. (*Vogel*).

820. Détail sur quelques établissemens de la ville de

Paris demandé par la reine de Hongrie à M. Lenoir. *Paris*, 1780, in-8, v. m., fil.

821. Histoire de l'administration de la ville de Paris, depuis Philippe Auguste jusqu'aux états généraux de 1789, par Frégier. *Paris*, 1850, 2 vol. in-8, v. ant.

822. Mémoires tirés des archives de la police par J. Peuchet. *Paris*, 1838, 6 vol. in-8, d. rel., v. f.

823. Ode à Mgr de La Reynie, par Barreme, professeur en arithmétique. *Paris*, 1670, in-12, mar. cit., fil., tr. d. (*Exempl. de dédicace avec les armes de La Reynie*).

824. Le préfet de police, par M. Vivien. *Paris*, 1845, in-8, d. rel., v. v.

825. La réformation des dames de Paris.

826. Représentations à M. le lieutenant général de police sur les courtisanes à la mode et les demoiselles de bon ton. *Paris*, 1762, pet. in-8, v. m.

827. Le pornographe, ou idées d'un honnête homme sur un projet de règlement pour les prostituées, avec des notes historiques et justificatives, par Rétif de la Bretonne. *Londres*, *la Haye*, 1776, in-8, d. rel., v. f.

828. Histoire de la législation sur les femmes publiques et les lieux de débauche, par Sabatier. *Paris*, 1828, in-8, d. rel., toile.

829. De la prostitution dans la ville de Paris, sous le rapport de l'hygiène publique, de la morale et de l'administration, par A. J. B. Parent-Duchatelet. *Paris*, 1837, 2 vol. in-8, portr., pl., d. rel., v. ant.

cc. Établissements de bienfaisance.

830. Abrégé historique des hôpitaux, par l'abbé de Recalde. *Paris*, 1784, in-12, d. rel., v. m.

831. Mémoire sur les hôpitaux civils, par Clavereau. *Paris*, 1805, in-8, pl., d. rel., mar. r., n. rog.

832. La chimère ou phantosme de la mendicité, trad. françoise (avec texte). *Paris*, 1607, 2 part., 1 vol. in-8, vél.

833. Remonstrance à Mgr le cardinal de Lyon, primat des Gaules, pour la visite et réforme des hôpitaux et Hostels-Dieu aux environs de Paris, et de la nécessité de l'aumosne à salut, par Jean Le Cousturier. *Paris*, 1640, in-8, d. rel. mar. noir.

834. Avis avx religievses de l'Hostel-Dieu de Paris, sur les biens et les devoirs de leur vocation, pour leur avancement à la perfection de leur estat, par leurs Supérieurs. *Paris*, 1676, in-12, v.

835. Fondation de l'hospital Saint-Jacques aux Pélerins à Paris, en lat. et en franç. *S. d. ni l.*, in-4, v., fil.

836. Recueil de titres et pièces (en partie imprimés, en partie manuscrits), concernant l'église et hôpital (des Pélerins) de Saint-Jacques, fondée en l'année 1321. *S. d. ni l.*, in-4, v. gr.

De la collection Monfiet.

837. L'institution des enfans de l'hospital de la Trinité avec la forme du gouvernement et ordonnance de leur vivre, érigée le 1er juillet 1545. *S. l. ni d.*, in-4, cart.

838. Lettres royaux en forme de chartres pour l'érection de l'hospital des Cent Filles orphelines de Notre-Dame de la Miséricorde, du mois de janvier 1623. *S. l.*, in-4, v. j., fil.

839. Abrégé historique de l'établissement de l'hôpital des Enfants-Trouvés. *Paris*, 1746, in-4, br.

840. Recueil complet représentant la vue-perspective de l'intérieur de la chapelle des Enfants-Trouvés de Paris, peint par Charles Natoire. L'architecture peinte par MM. Brunetti père et fils, et gravée par M. Étienne

Fessard. *Paris*, 1783, gr. in-fol., d. rel., belles épreuves.

841. Recueil des édits, déclarations, lettres patentes du roy, arrests de reglements et autres pièces concernant l'établissement de l'Hospital général, pour le renfermement des pauvres mendians de Paris. *Paris*, 1661, in-4, d. rel., v. ant.

842. De l'Hospital (histoire) général de Paris. *Paris*, 1676, in-4, d. rel., mar. noir.

843. Recueil d'édits, déclarations, arrests, etc., concernant l'Hospital général, les Enfans-Trouvez, le Saint-Esprit, et autres maisons y unies. *Paris*, 1745, in-4, d. rel., v. f.

844. Code de l'Hôpital général de Paris. *Paris*, 1786, in-4, d. rel., v. f.

845. OEuvres de M. de Chamousset, contenant ses projets d'humanité, de bienfaisance et de patriotisme, précédées de son éloge, par l'abbé Cotton des Houssayes. *Paris*, 1783, 2 vol. in-8, mar. r., fil., tr. d.

846. Mémoires sur les hôpitaux de Paris, par Tenon. *Paris*, 1788, in-4, pl. nombr., v. m.

847. Rapport fait au conseil général des hospices sur l'état des hôpitaux, des hospices et des secours à domicile à Paris depuis le 1er janvier 1804 jusqu'au 1er janvier 1814. *Paris*, 1816, in-4, d. rel., mar. ol.

848. Recueil des édits, déclarations, ordonnances, arrêts et règlements concernant l'hôtel royal des Invalides. *Paris*, 1781, 2 vol. in-4, d. rel., v. m.

dd. Fêtes et entrées solennelles à Paris.

849. Recueil de plusieurs inscriptions proposées pour les statues du roi *Charles VII* et de la Pucelle d'Or-

léans, etc. (par Ch. du Lys). *Paris*, 1628, pet. in-4, v. m.

Vol. rare et d'une belle conservation, avec la grande planche représentant la tapisserie de l'entrée de Charles VII à Reims. — Dans le même volume : « C'est l'ordre qui a esté tenu a joyeuse entrée du roy Henry II, à Paris, le 16 juin 1549, » avec fig. en bois.

850. L'entrée du très chretien roy de France, François de Valloys, premier de ce nom, en sa noble ville, cité et université de Paris, faicte le jeudy xv jour de février, l'an de grâce 1514. *S. l. ni d.*, pet. in-4, mar. r., fil., tr. d.

Bel exemplaire de la collection Audenet, avec son chiffre.

851. Le triumphant et tres noble mariage de très haulte et très puissante princesse Madame Renée de France, fille du roy de France Loys : douziesme de ce nô, faict avec le duc de Ferrare, en la ville et cité de Paris. *S. l. ni d.*, in-16 goth., v. f., dent., tr. d.

De toute rareté et parfaitement conservé.

852. Description de l'ordre tenu aux obsèques de feu François de Vallois, roy de France et de Mgrs François daulphin, et Abdenago, duc d'Orléans, ses enfans, les xxi, xxii, xxiii et xxiv de may 1547. *Lyon*, in-8, mar. r., fil., tr. d. (*Duru*).

853. C'est l'ordre et forme qui a esté tenue au sacre et couronnement de Mme Catherine de Médicis, royne de France, faict en l'église Mgr Sainct-Denys, en France, le x jour de juin, 1549. *Paris*, in-4, mar. r, tr. d. (*Duru*).

854. Le recueil des inscriptions, figures, devises et masquarades ordonnées en l'Hostel de Ville de Paris, le 17 de février 1558. Autres inscriptions, en vers héroïques latins, pour les images des princes de la chrestienté par Estienne Jodelle. *Paris*, 1558, in-4, mar. r. (*Trautz-Bauzonnet*).

Superbe exemplaire.

855. COMÉDIE ET RÉJOUYSSANCE DE PARIS, SUS LES MARIAGES DU ROY CATHOLIQUE D'ESPAGNE ET DU PRINCE DE PIEDMONT, aux princesses de France, Mmes Elizabeth et Marguerite, fille et sœur du roi Henri II, avec trois épithalames, par Jacques du Boys, de Péronne. *Paris*, 1559, in-4, mar. r., n. rog. (*Bauzonnet*).

Volume de la plus grande rareté, d'une conservation parfaite et relié sur brochure. Voir sur cette pièce l'article de M. Le Roux de Lincy, page 828, année 1852 du *Bulletin du Bibliophile.*

856. Bref et sommaire recueil de ce qui a esté faict et de l'ordre tenu à la joyeuse et triumphante entrée du prince Charles IX, en sa bonne ville de Paris, le 6 mars, avec le couronnement de Madame Elizabeth d'Autriche, son espouse, le 25; et entrée de ladicte dame en icelle, le 29 dudict mois de mars 1571. *Paris*, 1572, in-4, fig. en bois, vél., fil., tr. d.

857. C'est l'ordre et la forme qui a esté tenue au sacre et couronnement de Mme Elizabeth d'Autriche, royne de France, fait en l'église de l'abbaye de Saint-Denis, en France, avec son entrée à Paris le 25e jour de mars 1571, in-8, v., j. fil.

858. Alegresses aux peuple et citoyens de Paris sur la réception et entrée de la princesse Elizabeth d'Autriche, par F. D. B. C. (François de Belleforest Comingeois). *Paris*, 1571, pet. in-8, mar. r., fil., tr. dor. (*Duru*).

Ce même volume contient un autre opuscule sur le même sujet : *Description des appareils, arcs triumphaux, figures et portraicts dressez en l'honneur du roy, au jour de son entrée en la ville de Paris, le 6 mars* 1571. (Par Jacq. Prévosteau, de Chartres.)

859. Hymne triomphal sur l'entrée, et louanges du prince Henry, esleu roy, Auguste de Pologne, grand-duc de Lithuanie, faicts à Paris le 14e jour de septembre 1573. *Lyon*, 1573, in-8, mar. bl., tr. d. (*Trautz-Bauzonnet*).

860. Balet comique de la royne, faict aux nopces de M. le duc de Joyeuse et Mlle de Vaudemont, sa sœur, par Balthasar de Beaujoyeulx. *Paris*, 1582, in-4, fig. nombr., v. f., fil., tr. d. (*Niédrée*), musique notée.

861. Ample et vraye description des cérémonies observées à la solemnisation de la paix, en Nostre-Dame de Paris, le 21 juin 1598, par C. Palliot. *Lyon*, 1598, in-8, mar. bl., fil., dent.

Dans le même volume : Les pompes et cérémonies faites à l'acte solemnel auquel le roy jura la paix, etc., 1598.

862. Embarquement, conduite, péril et arrivée du cheval de bronze, ensemble les cérémonies, par Claude Jourdan. *Paris*, 1614, in-8, d. rel., v. f. (*Koehler*).

863. Eloges et discours sur la triomphante réception du roy en sa ville de Paris, après la réduction de La Rochelle, accompagnez des figures tant des arcs de triomphe, que des autres préparatifs. *Paris*, 1629, in-fol. vél. fil., comp., tr. d. (*Armes de la ville de Paris*) jol.

864. Douze tableaux du roi Louis XIV, de la reine Anne d'Autriche, de Monsieur, Philippes, duc d'Anjou et du cardinal Jules Mazarin, exposez sur des arcs de triomphe après le sacre de sa majesté; la prise des villes Stenay, le Quesnoy, Clairemont, etc., etc., par N. Lescalopier. *Paris*, 1655, in-4, fig., v. j., fil.

865. Mandement de MM. les vicaires généraux de Mgr le cardinal de Retz, archevesque de Paris, pour l'entrée du roy et de la reine, avec l'ordre et le nom des églises qui doivent aller en procession. *Paris*, 1660, in-4, v. m.

Dans le même volume : Diverses relations des cérémonies observées à l'entrée de la reyne, le 26 août 1660, et dont une avec planches.

866. Statue de Louis-le-Grand placée dans le temple de l'Honneur. — Dessin du feu d'artifice, etc., 1689. — Gravure représentant le feu d'artifice, in-4, cart.

867. Traité de paix entre la France et l'Empire. Riswick, 1697. — Explication du feu d'artifice dressé devant l'Hôtel de Ville. — Dessin du feu d'artifice dressé par ordre du cardinal de Furstemberg dans l'abbaye de Saint-Germain-des-Prés. — Portraits de

l'empereur et du cardinal. — Gravures représentant les deux feux d'artifice, in-4, portr., cart.

868. Lettre du roi pour le *Te Deum* après la paix de Riswick, 1697. — Dessin du feu d'artifice dressé devant l'Hôtel de Ville. — Gravure représentant le feu d'artifice, in-4, cart.

869. Marche qui sera observée dans la cérémonie pour poser la statue du roi dans la place de Louis-le-Grand (place Vendôme aujourd'hui). 1699. — Le portrait du roi par les inscriptions du pié-d'estail de la statue équestre. — Gravure représentant la marche de la statue, in-4.

870. La statue équestre de Louis-le-Grand placée dans le temple de la Gloire, dessin du feu d'artifice dressé par les ordres de MM. les prévôts des marchands et échevins, etc., 1699. — Sonnet au roi et quatrain sur le sujet de la cérémonie de la statue de Sa Majesté à cheval, etc. — Gravures représentant le feu d'artifice et les joutes sur l'eau, in-4, cart.

871. Description des festes données par la ville de Paris à l'occasion du mariage de Madame Louise Elisabeth de France, et de dom Philippe, infant et grand amiral d'Espagne, les 29 et 30 août 1739. *Paris*, 1740, gr. in-fol., 13 pl., v. m., fil., dent., tr. d. (*Armes de la ville de Paris*).

872. Quelques aventures curieuses et galantes des bals de Bois donnés à Paris à l'occasion du mariage de Mgr le Dauphin; *chez Guillaume Dindon*, 1745.

873. Recueil de descriptions des pompes funèbres faites en l'église de Notre-Dame de Paris et dans l'abbaye de Saint-Denis, depuis 1760 jusqu'en 1774. *De l'imprimerie de P. R. C. Ballard*, 1774, in-4, fig. nomb., v. br., fil.

ce. Corporations.

PROFESSIONS LIBÉRALES.

874. Bazoche. Recueil des statuts, ordonnances, reiglements, antiquitez, prérogatives et prééminences du royaume de la Bazoche. *Paris*, 1654, in-8, mar. r., fil., tr. d. *(Derome)*.

Exempl. auquel on a ajouté l'extrait des registres de la Bazoche du Palais, et liste et demeures des officiers de la Bazoche; tous deux en placards.

875. Notaires. Chartres, lettres et titres des pouvoirs et facultez, attrib. par les rois aux notaires, gardenottes au Chastelet de Paris. *Paris*, 1619, in-4, d. rel., v. cit.

876. = Statuts et règlements de la communauté des conseillers du roy, notaires, gardenotes au Châtelet de Paris. *Paris*, 1687, in-4, v. j., fil., comp., tr. d.

877. = (vers 1790). Tableau des minutes conservées dans chacune des études de notaires de Paris. MANUSCRIT. *S. l. ni d.*, in-4, d. rel., mar. r., dans un étui.

878. Exposé de l'affaire d'entre le tribunal du Chatelet de Paris, et la communauté des commissaires. *S. l.*, 1760, in-4, v. m.

879. Agens de change. Recueil des ordonnances, édits, déclarations, lettres-patentes, arrêts du conseil, jugemens, règlemens et statuts concernant la Bourse et les agens de change, banque, commerce et finances à Paris. *Paris*, 1774, in-4, v. m.

880. Médecins. Traduction des statuts des docteurs-régens de la Faculté de médecine en l'Université de Paris, par Michel Bermingham *Paris*, 1754, in-8, v. m.

881. Chirurgiens. Mémoire pour le premier chirurgien du roy, contre les frères de la Charité. *Paris*, 1757, in-4, v. m.

Dans le même volume : Statuts pour les maîtres chirurgiens-jurés de Paris. *Paris*, 1701 ; — et autres pièces sur cette communauté.

882. Statuts pour la communauté des maistres chirurgiens-jurés de Paris. *Paris*, 1738, in-4, v. m., fil., arm., tr. d.

883. Apoticaires. Priviléges et règlements concernant les apoticaires des maisons royalles. *Paris*, 1688, pet. in-8, v. m.

884. Ménétriers. Recherches sur l'histoire de la corporation des ménétriers ou joueurs d'instruments de la ville de Paris, par B. Bernhard. *S. l. ni d.*, gr. in-8, d. rel., v. ant.

885. Musiciens. Recueil d'édits, arrêts du conseil du roi, lettres-patentes, mémoires et arrêts du Parlement, etc., en faveur des musiciens du royaume. *De l'imprim. de Ballard*, 1774, in-8, mar. r., fil.

886. Édit du roy pour le règlement des imprimeurs et des libraires de Paris. *Paris*, 1731, in 12, mar. noir, tr. d.

887. Recueil de pièces curieuses imp., et notes relatives au procès intenté par la communauté des libraires à Luneau de Boisjermain, à la communauté des libraires et imp. de Paris et autres. Gr. vol. in-4, v. f., fil., tr. d.

888. Almanach de la librairie. *Paris*, 1778, in-12, mar. r., fil., tr. d.

ARTS ET MÉTIERS.

889. Recueil des édits, déclarations, arrests et règlements concernants les arts et métiers de Paris et du royaume. *Paris*, 1701, in-8. v. gr.

890. Recueil d'ordonnances,

édits, déclarations, arrêts et règlements concernant le commerce des six corps des marchands de Paris. *Paris*, 1764, in-4, d. rel., mar. r., n. rog.

891. Guide des corps des marchands et des communautés des arts et métiers de Paris. *Paris*, 1776, in 8, v. m., fil.

892. Recueil de règlements pour les corps et communautés d'arts et métiers commençant au mois de février 1776. *Paris*, 1779, in-4, d. rel., mar. ol., note ms.

893. Recueil de règlements pour les corps et communautés d'arts et métiers commençant au mois de février 1776. *Paris*, 1779, in-4, v. m. fil.

894. Requête au roi et mémoire sur la nécessité de rétablir les corps de marchands et les communautés des arts et métiers, par Levacher Duplessis. *Paris*, 1817, in-4, cart.

895. Corporations d'arts et métiers. Envir. 35 pièces in-fol.

Suite de Mémoires pour les diverses communautés de Paris.

896. Recueil de pièces servant à l'histoire de Paris. Environ 160 pièces in-4.

Pièces sur les corporations d'arts et métiers; — ordonnances relatives à l'administration des corporations en général; — statuts et règlements, etc., etc.

897. Recueil factice de règlements de communautés. *Paris*, 3 vol. in-4, d. rel., v.

Ier vol. : Maîtres d'armes; — maîtres arquebusiers; — bonnetiers; — bourreliers; — charcuitiers, 1736; — cordonniers.

IIe vol. : Couteliers; — experts jurés écrivains; — emballeurs; — fourbisseurs; — gainiers; — gantiers; — graveurs; — horlogers; — jardiniers.

IIIe vol. : Lapidaires; — lingers, toiliers; — menuisiers, 1658; — orfèvres; — ouvriers établis au Louvre; — oyseleurs; — manufactures, — teinturiers; — manufactures de draps; — jouilliers; — papetiers; — patenotiers (ms), — peigniers; — perruquiers.

898. Statuts de diverses communautés, in-4, v. m.

Lanterniers; — cordonniers; — plumassiers; — lingers; — miroitiers; — jardiniers; — savetiers; — fruitiers; — cardeurs; — boulangers; — pelletiers; — fourreurs; — maîtres de danse; — brasseurs; — passementiers; — boutonniers; — brossiers; — drapiers; — apothicaires; — horlogers; — chaudronniers; — tisserands.

899. Recueil de statuts de diverses communautés de Paris, in-8, d. rel., v.

Brodeurs, égratigneurs, chasubliers, *Paris*, 1719; — fondeurs, mouleurs en terre, sable, bossetiers, *Paris*, s. d.; — layetiers; — escreniers, *Paris*, 1725; — fèvres; — maréchaux; — plombiers; — fontainiers, *Paris*, 1735; — potiers d'étain, *Paris*, 1750.

900. Extrait du livre rouge du Châtelet. Ordonnances des aiguilletiers. — Statuts des tapissiers de hautelisse sarazinois, etc. Paris, 1724.—Statuts des maîtres tonneliers de Paris, in-fol. *ms.* et *impr.*, d. rel., v.

---

901. Amidonniers. Statuts et règlements des maistres amidonniers,—Cretonniers de la ville de Paris. *Paris*, 1746, in-4, v. f., fil. (*Arm.*).

902. Architectes. Édits, arrests (12) et déclarations du roy concernant les 60 jurez experts des bâtiments à Paris, tant architectes, bourgeois,

qu'entrepreneurs. *Paris*, 1727, in-4, d. rel., v. f.

903. Barbiers. Statuts et règlements pour les barbiers, perruquiers, baigneurs et étuvistes de Paris. *Paris*, 1746, in-4, d. rel., v. f.

904. Bouchers. Statuts et règlements, lettres patentes et arrest d'enregistrement des maîtres et marchands bouchers de Paris. *Paris*, 1744, in-8, mar. r., fil., t. d.

905. Bouchers. Statuts et règlements des maîtres bouchers de Paris. *Paris*, 1744, in-8, mar. r., fil, tr. d.

906. — Mémoire instructif de la situation des entrepreneurs des boucheries privilégiées de la ville de Paris en 1727, par M. de Monsigny. In-fol. ms. br.

907. Lettres patentes portant établissement d'une caisse pour la facilité du commerce des bestiaux en 1779. In-fol. ms. br.

Et plusieurs autres manuscrits sur cette matière.

908. Boulangers. Statuts, priviléges, ordonnances et règlements de la communauté des boulangers de Paris. *Paris*, 1757, pet. in-8, mar. r., fil., tr. d.

909. (Boulangers.) Idem. *Paris*, 1757, in-12, mar. r., fil., tr. d.

910. Bourreliers. Statuts, ordonnances et règlements des maîtres bourreliers-bastiers et hongroyeurs de Paris. *S. l.*, 1741, in-12, v. m.

911. Bourreliers. Statuts, titres, édits, déclarations du roy, arrests du conseil d'État et du parlement, sentences et règlements des maîtres bourreliers, bâtiers et hongroyeurs de Paris. *Paris*, 1764, in-4, mar. r., fil., dent., tr. d. (*Arm.*).

912. Boursiers. *S. l. ni d.*, d. rel., v. f.

913. Boursiers. Articles, statuts, ordonnances et règlements de la communauté des maîtres boursiers, colletiers, pochetiers, calçonniers, faiseurs de brayers, gibecières, mascarines et escarcelles de draps d'or et d'argent, buffle, maroquin, cuir noir et blanc et autres étoffes généralement quelconques de la ville de Paris. *Paris*, 1733, pet. in-4, v. gr.

914. Brodeurs. Statuts et ordonnances des maîtres brodeurs, découpeurs, égratigneurs, chasubliers de Paris. *Paris*, 1743, in-8, v. gr., fil., arm.

915. Brodeurs. Statuts et ordonnances des maîtres brodeurs, découpeurs, égratigneurs, chasubliers de Paris. *Paris*, 1719, in-8, mar. r.

916. Cabaretiers. L'ordonnance de la police de Paris sur le faict des inhibitions et deffenses à tous taverniers, cabaretiers, rôtisseurs, paticiers et autres persônes de quelque estat, qualité ou condition qu'ils soyent : de asseoir, ne bailler à boyre ne a menger en leurs maisons aux gents

de mestier, manans et habitans de Paris. *Paris*, 1556, in-12, goth., d. rel., mar. bl. (*Petit.*)

917. Cabaretiers. Ordonnance du lieutenant civil, portant deffences à tous taverniers, cabaretiers et autres marchands de vins, de donner à boire, n'y associer en leurs maisons aucuns bourgeois et habitants de ceste ditte ville de Paris. *Paris*, 1629, pet. in-8, d. rel., mar. r. (*Duru*).

918. Chandeliers. Recueil des statuts, arrêts et sentences servant de règlement à la communauté des maîtres chandeliers et huiliers. *Paris*, 1774, gr. in-12, v. fil., portr., tabl.

919. Chandeliers. Recueil des statuts, arrêts et sentences des huiliers de Paris. *Paris*, 1760, in-4, v. j., fil.

920. Chaircutiers. Nouveaux statuts des chaircutiers de la ville de Paris, mis en ordre par les jurés. *Paris*, 1755, in-4, mar. r., fil., tr. d.

921. Id., demi-reliure.

922. Chapeliers. Articles, statuts, ordonnances et règlements des gardes jurés, anciens bacheliers et maîtres chapeliers de Paris. En 1558. *S. l. ni d.*, pet. in-12, v. m., fil., tr. d.

923. Chapeliers. L'office de saint Michel, à l'usage de la confrérie des maîtres et marchands chapeliers de Paris, avec l'ordinaire de la sainte messe. *Paris*, 1761, v. m.

924. Chapeliers. Recueil des statuts, ordonnances et règlements de la communauté des maîtres et marchands chapeliers. *Paris*, 1775, pet. in-8, v. fil., tr. d.

925. Charpentiers. Statuts, articles et ordonnances des jurez du roy es œuvres de charpenterie et des maîtres charpentiers de la ville de Paris. *Paris*, 1739, in-4, v. gr.

926. Carrossiers. (Charrons), id. *S. l. ni d.*, in-12, v. m.

927. Charrons. Ordonnances, statuts et règlements des maîtres charrons, carrossiers, faiseurs et entrepreneurs de carrosses, coches, chariots, litières, etc., concernant l'art du charron, de Paris. *S. l. ni d.*, in-12, v. br.

928. Charrons. Sentences, arrêts et règlements pour les maîtres charrons. *Paris*, 1760, in-12, bas. m.

929. Chaudronniers. Recueil des statuts, lettres patentes, édits, déclarations du roy, arrests du conseil, du parlement, sentences de police et d'autres juges rendus au profit de la communauté des maîtres et marchands chaudronniers de Paris, recueillis et mis par ordre par Toussaint-Joseph Charlot. *Paris*, 1750, in-8, mar., r. fil., tr. d.

930. Ciseleurs. Statuts, ordonnances et règlements de la communauté du corps des maîtres et marchands ciseleurs, doreurs, argenteurs, damasquineurs et enjoliveurs

sur fer, fonte, cuivre et laiton, de Paris. *Paris*, 1757, in-8, v. m.

931. Ciseleurs. Statuts, ordonnances et règlements de la communauté des maîtres et marchands ciseleurs, doreurs, argenteurs, damasquineurs et enjoliveurs sur fer, fonte, cuivre et laiton, de Paris. *Paris*, 1757, in-8, v. m.

932. Ciseleurs. Statuts, ordonnances et règlements de la communauté du corps des maîtres et marchands ciseleurs, doreurs, argenteurs, damasquineurs et enjoliveurs sur fer, fonte, cuivre et laiton, de Paris. *Paris*, 1763, in-8, mar. r., fil., tr. d.

933. Colporteurs. Ordonnance portant règlement pour les colporteurs et afficheurs de Paris, du 30 juin 1779, in-12, d. rel., v. f. (*Bauzonnet-Trautz.*)

934. Couvreurs. Statuts et ordonnances des maîtres couvreurs de Paris. *Paris*, 1772, in-12, v. fil., tr. d.

935. Cuisiniers. Recueil d'arrêts, ordonnances, statuts et règlements concernant les maîtres queulx cuisiniers-traiteurs de Paris. *Paris*, 1761, in-4, d. rel., v. f.

936. Recueil des statuts, arrests, sentences et règlemens des maîtres distillateurs, marchands d'eau-de-vie et de toutes sortes de liqueurs de la ville de Paris. *Paris*, 1740, in-4, v. j.

937. Draps d'or, etc. (Fabriquans en). Statuts, ordonnances et règlements donnez aux maistres et marchands fabriquans en draps d'or, d'argent et de soye et autres étoffes mélangées de Paris. *Paris*, 1740, in-4, mar. r., fil., tr. d.

938. Draps d'or, etc. (Fabricants de). Statuts du corps des marchands fabricants de draps d'or, d'argent et de soie de Paris. *Paris*, 1773, in-8, fr., v. m.

939. Épiciers. Offices propres de saint Nicolas, évêque de Myre, à l'usage des marchands épiciers et apothicaires-épiciers de Paris. *Paris*, 1726, in-8, fig. mar. v., fil., dent. tr. d

940. Épiciers. Catalogue général des marchands épiciers grossiers-droguistes et des marchands apothicaires-épiciers de Paris. *Paris*, 1765, in-4, v. m.

941. Épiciers. Catalogue général des marchands épiciers-grossiers-droguistes et des marchands apothicaires-épiciers de Paris. *Paris*, 1773, pet. in-4, v. m.

942. Fourbisseurs. Articles, statuts, ordonnances et règlements des gardes, jurés, anciens bacheliers et maîtres et marchands fourbisseurs de Paris. *Paris*, 1765, in-4, d. rel., v. f.

943. Statuts, ordonnances et règlements des marchands fripiers de Paris (rédigés par

les jurés). *Paris*, 1735, in-4, mar. r., dent. tr. d.

944. Fripiers. Statuts, ordonnances et règlements des marchands fripiers de Paris. *Paris*, 1772, in-12, v. m.

945. Statuts, ordonnances, règlements et arrêts des marchands fripiers de la ville de Paris. *Paris*, 1751, in-4, v. m.

946. Statuts et ordonnances des maîtres et marchands gantiers-poudriers - parfumeurs de la ville de Paris. — Édits, sentences, arrêts, etc. *Paris*, 1748, in-4, v. j.

947. Grainiers. Statuts de la communauté des maîtres et marchands grainiers, maîtresses et marchandes grainières de Paris. *Paris*, 1750, gr. in-8, v. m.

948. Horlogers. Extraits des principaux articles des statuts des maîtres horlogers de Paris des années 1544-83, 1646, 1707-19, recueillis par Claude Raillard. *Paris*, 1752, in-4, v. f., fil.

949. Maréchaux-ferrants. Statuts et ordonnances tant anciens que nouveaux des maîtres fevres-maréchaux de Paris. *Paris*, 1688, in-8, mar. r., fil., tr. d. *arm.*

950. Menuisiers. Statuts, priviléges, ordonnances et règlements de la communauté des menuisiers et ébénistes de Paris. *Paris*, 1751, pet. in-8, mar. r., dent., tr. d. (*Aux armes*).

951. Merciers et jouailliers. Idem. *Paris*, 1727, in-4, v. gr. fil., comp., tr. d. (*Arm.*).

952. Merciers. Idem. *Paris*, 1752, in-4, v. gr., fil comp., arm. (*Bel exemp.*).

953. Merciers. L'office de saint Louis, roy de France et confesseur, à l'usage des marchands merciers, grossiers et jouailliers de Paris. *Paris*, 1749, in-8, fig. mar. v., tr. d.

954. Recueil d'ordonnances, statuts et règlements concernant le corps de la mercerie. *Paris*, 1752, in-4, v. gr., fil. (*arm.*), tr. d.

955. Statuts et priviléges du corps des marchands orfèvres-joyailliers de la ville de Paris, etc., par Pierre Leroy. *Paris*, 1759, in-4, v. j.

956. Explication du tableau présenté par MM. les orfèvres de Paris à la sainte Vierge. *Paris*, 1675, in-4, cart.

957. Orfèvres. Statuts, ordonnances, édicts et reiglemens de l'orfévrerie, assemblez par les soins de honorables hommes, Réné de la Haye, Pierre de Hernaut, Jean Lavrier, Michel Aveline, François Delaistre et Jean le Mercier, maistres et gardes de ladicte orfévrerie, et escrits par Estienne Migon, 1639, in-4 de plus de 600 pages, mar. r., fil. comp., reliure du temps.

Manuscrit sur vélin de plus de 600 pages d'une très-belle écriture, et précédé des armoiries peintes en or et en couleur, de la communauté des orfèvres.

958. Orfèvres. Traité sommaire

de l'institution du corps et communauté des marchands orfèvres, sous le règne de Philippe de Valois, par P.D.R. (Pierre de Rosnel). *Paris*, 1672, in-4, d. rel., v. f.

959. Orfèvres. Statuts et priviléges des marchands orfèvres-joyailliers de Paris. *Paris*, 1734, in-4, v. m.

Dans le même vol. : Réglement de la procédure du Conseil du roy ; — arrêt du Conseil contre l'évêque d'Orléans; — consultation sur le mandement de l'archevêque de Sens, *Paris*, 1739; — remontrances des fidèles sur la bulle *Unigenitus*, 1738.

960. Orfèvres. Code de l'orfévrerie avec les statuts des orfèvres, tireurs, batteurs et autres qui travaillent l'or et l'argent, et un commentaire sur l'ordonnance des droits de marque sur le fer, etc. *Paris*, 1785, in-4, v. m.

961. Statuts, ordonnances et règlements des maîtres et marchands (statuts et arrêts) parcheminiers de la ville de Paris. *Paris*, 1731, in-4, v. br.

962. Parfumeurs. Statuts de la communauté des marchands gantiers - poudriers - parfumeurs de Paris, avec un recueil de sentences, d'édits, etc. *Paris*, 1772, in-12, portr., v. f., fil., tr. d.

963. Pâtissiers. Priviléges accordés aux maîtres patissiers-oublayers de Paris. *Paris*, 1757, in-8, mar. r., fil., tr. d.

964. Pâtissiers. Priviléges accordés aux maîtres patissiers-oublayers de Paris. *Paris*, 1757, in-8, mar. r., fil., tr. d.

965. (Peigniers.) Id. *Paris*, 1753, in-8, v. m.

966. Peigniers. Nouveaux statuts des maîtres et marchands peigniers, tablettiers, tourneurs, mouleurs, picqueurs, faiseurs et compositeurs de bois d'éventails, marqueteurs, tailleurs d'images d'ivoire et enjoliveurs de leurs ouvrages, de Paris. *Paris*, 1772, in-12, v. m., tr. d.

967. Plombiers. Statuts, articles, ordonnances et priviléges des principal, jurez, anciens bacheliers et maîtres plombiers, fontainiers de Paris. *Paris*, 1735, in-8, br.

968. Potiers d'étain. Statuts, ordonnances et priviléges des maîtres potiers d'étain de Paris. *Paris*, 1739, pet. in-4, v. gr.

969. Potiers de terre. Statuts anciens et nouveaux, arrests, sentences et règlements des potiers de terre, carreleurs de Paris. *Paris*, 1772, in-8, v. m.

970. Potiers d'étain. Id. *Paris*, 1742, in-8, v. m.

971. Relieurs. Statuts et règlements pour la communauté des relieurs et doreurs de Paris. *Paris*, 1750, in-12, v. j.

972. Rôtisseurs. Idem. *Paris*, 1747, in-4, d. rel., mar. r., n. rog.

973. Rôtisseurs. Statuts et ordonnances des maistres rôtisseurs de Paris. *Paris*, 1737, in-8, v. gr.

974. Sculpteurs. Liste générale

des noms et surnoms de tous les maistres sculpteurs, peintres, marbriers, doreurs, étoffeurs et enlumineurs, tant anciens que modernes de Paris. *Paris*, 1747, pet. in-4, v. gr. (*Arm.*).

975. Selliers. Statuts et ordonnances des maîtres selliers, lormiers et carrossiers de Paris. *Paris*, 1732, pet. in-12, d. rel., v. f.

976. Selliers. Statuts et ordonnances des selliers, lormiers, carrossiers de Paris. *Paris*, 1770, pet. in-8, mar. r., fil., tr. d. (*Arm.*).

977. (Selliers, carrossiers.) Id. *Paris*, 1770, in-12, v. j.

978. Serruriers. Statuts, ordonnances et priviléges des syndic, jurez, bacheliers et maîtres serruriers de Paris. *Paris*, 1707, in-12, vél.

979. Serruriers. Statuts, ordonnances et priviléges des syndic, jurés, bacheliers et maîtres en l'art de serrurerie, de Paris. *Paris*, 1741, in-8, mar. r., fil., tr. d. (*Arm.*).

980. Serruriers. *Paris*, 1714, in-12, bas. m.

981. Serruriers. Statuts, ordonnances et priviléges des syndic, jurés, bacheliers et maistres en l'art de la serrurerie de Paris. *Paris*, 1761, in-8, v. m.

982. Taillandiers. Statuts, règlements, arrests et sentences des maîtres taillandiers-ferblantiers de Paris. *Paris*, 1754, in-8, v. m.

983. (Tailleurs.) Id. *Paris*, 1758, in-12, v. m.

984. Tailleurs. Statuts et ordonnances des marchands maîtres tailleurs d'habits, pourpointiers, chaussetiers de Paris. *Paris*, 1759, in-12, v. m.

985. Tapissiers. Nouveau recueil des statuts et règlements des maîtres marchands tapissiers, hauteliciers, sarrazinois, rentrayeurs, courtepointiers, couverturiers, coutiers, sergiers de Paris. *Paris*, 1756, in-4, v. m.

986. Tapissiers. Manuel des tapissiers, par Bimont. *Paris*, 1766, in-8, br.

987. Tissutiers. Ordonnances de Henry III contenant les statuts des tissutiers, rubanniers, ouvriers en draps d'or, d'argent et de soye, tissus, rubans et passements d'or, d'argent, soye, etc., etc. *Paris*, 1742, in-12, v. gr.

988. Tourneurs. Statuts, ordonnances et règlements de la communauté des maîtres tourneurs de Paris. *Paris*, 1773, in-12, portr., v. f., fil., tr. d.

989. Tourneurs. Statuts, ordonnances et règlements des maistres tourneurs de Paris. *Paris*, 1773, in-12, v. f., fil., tr. d.

Avec diverses sentences et arrêts ajoutés.

990. Ordonnances, statuts et règlements des marchands de vins de la ville de Paris. *Paris*, 1732, in-4, v. j., arm., tr. d.

991. Vins (marchands de). Les offices propres de saint Nico-

las, à l'usage des marchands de vins de Paris, dont la confrérie est érigée en l'église de Saint-Jacques de l'Hôpital, rue Saint-Denis; en lat. et en franc. *Paris*, 1750, in-8, mar. r., fil., tr. d.

992. Rapport sur les jurandes et maîtrises, et sur un projet de statuts et règlements pour MM. les marchands de vin de Paris. *Paris*, 1805, in-8, d. rel., mar. puce.

993. Marchands de vins. Idem. *Paris*, 1732, in-4, v. m.

994. Vitriers. Statuts, ordonnances, priviléges et règlements des maîtres, jurés, anciens, bacheliers et maîtres vitriers, peintres sur verre de Paris. *Paris*, 1772, in-12, v. m.

d. Mélanges sur l'histoire de Paris (prose et vers).

995. La despence qui se fait chascun iour en la ville de Paris, auec les cris que l'on crie iournellement dedans ladite ville. Plus y est adiousté la despence qu'une personne peult faire par an et par iour, et trouuerez, selon le revenu que vous aurez, combien il vous faudra despendre par chascun iour. *Paris, de l'imprimerie de Nicolas Chrestien*, 1556, in-16, lett. rond., mar. r., tr. d. (*Trautz-Bauzonnet*).

Délicieux exemplaire d'un petit livre curieux et de la plus grande rareté.

996. (Les cris de Paris.) Idem. *Paris*, 1584, in-16, v. j., fil., dent.

Un peu court du haut.

997. Les cris de Paris, avec la dépense qui se fait chaque jour, etc. *Troyes. S. d.*, in-16, d. rel., v. bl.

998. La conférence des servantes de la ville de Paris sovbs les charniers Sainct-Innocent, avec protestations de bien ferrer la mule ce caresme, pour aller tirer à la blanque à la foire de Sainct-Germain, et de bien faire courir l'ance du panier. *Paris. S. d.*, in-16, d. rel., v. bl.

Réimpression à 76 exemplaires de la collection des *Joyeuzetés*.

999. Discours nouveau sur la mode. *Paris, P. Ramier*, 1613, br. in-8.

Réimpression à 100 exemplaires d'un opuscule très-rare, due aux soins de M. E. Castaigne.

1000. Les amours, intrigues et caballes des domestiques des grandes maisons de ce temps. *Paris*, 1633, pet. in-8, d. rel. bas.

Vol. fort rare et très-curieux pour l'étude des mœurs de ce temps. Ex. taché et un peu piqué.

1001. Histoire du général des Larrons, par F. D. C. *Paris*, 1639, in-8, mar. r., fil., tr. d. (*anc. rel.*), une légère piqûre.

1002. Les visions admirables du pèlerin de Parnasse ou divertissements des bonnes compagnies et des esprits curieux, par un des beaux esprits de ce temps. *Paris*, 1635, in-8, mar. r., fil., tr. d.

1003. Balet du bureau de rencontre. 1632, pet. in-8, d. rel.

1004. L'esventail satyrique, 1625.—L'esventail satyrique fait par le nouveau Théophile, avec une apologie pour la satyre. — Promenade du cours (la Reine). *Paris*, 1630.—La sérénade des dames aux Tuileries. 1630.—Le poëte ivrogne. *Paris*, 1632.—Les épices par le s[r] du Laurens.—L'adieu du plaideur à son argent. En un vol. pet. in-8, mar. vert, fil., tr. dor. (*Trautz-Bauzonnet*).

Curieux recueil de pièces facétieuses et rares.

1005. Facétieuse adventure de deux bourgeois de Paris, dans les Marais du Temple, et ensemble les estranges rencontres qu'ils firent, etc., le tout pour passer caresme-prenant. *Paris*, 1633, pet. in-8, v. f., tr. d.

1006. Satyre nouvelle sur les promenades du cours de la Reine, des Thuilleries et de la porte Saint-Bernard. *Paris*, 1699, pet. in-8, d. rel.

1007. Les entretiens des cafés de Paris et les différends qui y surviennent, par le C. de M... (le chevalier de Mailly). *Trévoux*, 1702, in-12, cart., fig., à mi-page.

1008. Les entretiens du Palais-Royal de Paris, par Mercier. *Paris*, 1787, in-8, d. rel., v. m.

1009. Très-humbles remontrances adressées à Mgr le contrôleur général, par les Filles du Monde, au sujet des réformes faites dans la finance, facétie en vers. In-12, d. rel., v. bl.

1010. Almanach des adresses des demoiselles de Paris, de tout genre et de toutes les classes ou calendrier du plaisir. *A. Paphos*, 1791, in-12, d. rel., v. f., n. rog.

1011. Satyre sur les cerceaux, paniers, criardes et manteaux-volants des femmes et sur leurs autres ajustemens. *Paris*, 1727, in-12, v. f., fil., tr. d. (*Koelher*).

1012. Les fêtes roulantes et les regrets des petites rues. *S. l.*, 1747, pet. in-12, mar. r. (*Anc. rel.*).

1013. Recueil de pièces en un vol., pet. in-8, vél., v.

Dont : Requête des fiacres de Paris contre les cabriolets. — Réponse des cabriolets à la requête des fiacres. *Londres*, 1768. — Le Temple du Goût ou les fêtes de Tempé, poëme en un chant. *A Plaisance*, 1769. — La Torréide ou les Fêtes foraines. *A Plaisance*, 1768. — Le Rabat-Joie, aventure nouvelle, Amst., 1769. — Testament d'une Fille d'amour mourante. *Londres*, 1769. — Les sultanes nocturnes et ambulantes contre Mgrs les réverbères. *A la Petite Vertu*, 1769. — Les ambulantes à la brune contre la dureté du temps. *A la Chine*, 1769.

1014. Les misères de ce monde ou complaintes facétieuses sur les apprentissages de différents arts et métiers de Paris, précédées de l'histoire de bonhomme Misère (en prose). *Lond.* (*Paris*), 1783, in-8, d. rel., v. m.

1015. Le trépas de la reine Chicane ou les hurlements des procureurs au Parlement de Paris. *Paris*, 1790, in-8, pl. cart., n. rog.

1016. La ville de Paris en vers burlesques, par le sieur Berthaud. *Paris*, 1664, in-12, mar. v., fil., tr. d. (*Duru*).

1017. La chronique scandaleuse ou Paris ridicule, de

C. Le Petit. *Cologne*, 1668, pet. in-12, v. f., fil., tr. d. (*Simier*).

C'est là la véritable édition imprimée par les Elzevirs. Elle est très-rare.

1018. Oraison funèbre de très-habile, très-élégant, très-merveilleux Christophe Scheling, maître tailleur de Paris, prononcée le 18 février 1761, dans la salle du célèbre Alexandre, limonadier au boulevart. *Paris*, 1761, in-12, d. rel., v. v.

2. Histoire des autres villes et provinces de France.

1019. Trésors de l'abbaye royalle de Saint-Denis, fig., vignettes de Sébast. Leclerc, Leblond, Guérard, Poilly, etc., gr. in-fol., d. rel.

Dont : la représentation des tombeaux de Charles V, Louis XII et Anne de Bretagne, François Ier, etc.; vases, reliques, etc. A la fin une planche intitulée : *Philippe III le Hardy porte à Saint-Denis le corps du roi Saint-Louis, son père.* Gravée par J. B. de Poilly, d'après Boulogne.

1020. Description de la chapelle du chasteau de Versailles et des ouvrages de sculpture et de peinture, avec les figures nécessaires. *Paris*, 1711, in-12, v. m.

1021. Mémoire sur la reconstruction de la coupole des petites écuries à Versailles, en l'an XII, d'après Phil. Delorme, par le capitaine André. *Paris*, an XII, in-4, fig. color., cart.

1022. Dissertation sur l'état des anciens habitants du Soissonnois avant la conquête des Gaules par les Francs (par l'abbé Le Beuf). *Paris*, 1735, in-12, br.

1023. Dissertation sur l'époque de l'établissement de la religion dans le Soissonnois et ses progrès jusqu'à la fin du IVe siècle; les noms des premiers évêques de Soissons, le temps et la durée de leur épiscopat jusqu'à la fin du même siècle, par Le Beuf. *Paris*, 1737, in-12, br.

1024. Mémoires pour servir à l'histoire de la ville de Calais, depuis le siége et la prise de cette place, en 1347, par Edouard III, et sur les négociations et projets de mariage d'Elisabeth, reine d'Angleterre, etc., par de Bréquigny. *Paris. S. d.*, pet. in-4, d. rel., v. noir.

Plus : Mémoire sur l'époque de la mort du roi Robert, par D. Clément. — Mémoire sur la mort de Henri de Bourbon-Condé, premier du nom, et sur les soupçons qui la suivirent, par Désormeaux.

1025. Faits et particularités concernant Marie de Bourgogne et Maximilien d'Autriche, du 5 janvier 1476 au 2 novembre 1477, avec fac-simile, appendices et notice chronologique sur les serments des souverains du Hainaut, de 1337 à 1792, recueillis et mis en ordre par A. F. Lacroix. *Mons*, 1840, in-8, d. rel., v. ant.

1026. Mémoires concernant l'histoire ecclésiastique et civile d'Auxerre, par l'abbé Le Beuf. *Paris*, 1743, 2 vol. in-4, v. j.

1027. Les armes triomphantes de S. A. Mgr le duc d'Espernon, pour le sujet de son heureuse entrée faite dans la ville de Dijon, le huict may MDCLVI. *Dijon*, *Chavance*, 1656, in-fol., fig., v. gr.

Volume très-rare orné de 18 curieuses et belles figures, dessinées par Godran, gravées à l'eau-forte par A. Mathieu. Les grandes planches qui se déploient sont intactes.

1028. Dissertation sur l'inscription du grand portail du couvent des Cordeliers de Reims, par le sieur de Saint-Sauveur (J. B. Thiers). *S. l.*, 1673, in-12, v. f., fil.

1029. Trésors des églises de Reims, par Prosp. Tarbé. *Reims*, 1843, pet. in-fol., d. rel., v. f., orné de 31 pl.

Documents les plus intéressants et les plus curieux sur les cérémonies du sacre des rois de France; description des objets précieux dont ils faisaient don à la cathédrale à cette occasion, etc.

1030. Remensiana, historiettes, légendes et traditions

du pays de Reims (publ. par Louis Paris). *Reims*, 1845, in-8, d. rel.

1831. Growesteins à Possesse. Histoire queurieuse et terrible doou tems du Monsieur du Malberoug, et qui intéresse in brin l'ounour des femmes doou païs du Poussesse, etc. *A Poussesse in Parthois et à Paris*, 1851, br., gr. in-8, pap. vél.

Brochure tirée à 120 ex. et publiée par L. Paris. Très-curieuse facétie sur un épisode peu connu de la guerre de la succession d'Espagne. Il existe peu de monumens imprimés du patois de Champagne.

1032. Siéges de Troyes par les jésuites, ou mémoires et pièces pour servir à l'histoire de Troyes pendant le XVIIe siècle, par Grosley. *Paris*, 1826, pet. in-12, d. rel.

La première édition fut saisie en arrivant à Paris, et brûlée à la Bastille. Celle-ci contient de plus : *Discours véritable de ce qui s'est passé en la ville de Troyes sur les poursuites faictes par les Jésuites pour s'y établir* 1603-1611, *par F. Pithou*, 1632. — *Discours de J. Passerat*, par lequel le collége royal fut rouvert après l'entrée de Henri IV à Paris ; des *épigrammes* de Passerat, etc.

1033. Relation du siége de Metz en 1444 par Charles VII et Réné d'Anjou, publiée sur les documens originaux, par de Saulcy et Huguenin aîné. *Metz*, 1835, gr. in-8, 3 gr., pl., br.

1034. Recueil mémorial des lettres patentes du changement de nom du chasteau et comté de Bury en Blaisois en comté de Rostaing. *Paris*, 1656, in-4, mar. v., fil. dent., tr. d. (*Anc. rel.*).

Exempl. aux armes du marquis de Rostaing ; fr., gr. et portr.

1035. Les divers caractères des ouvrages historiques avec le plan d'une nouvelle histoire de la ville de Lyon, par le P. Cl. Fr. Menestrier. *Lyon*, 1694, in-12, v. ant., fil., tr. d. (*Koehler*).

1036. L'illustre châtelaine des environs de Vaucluse, la Laure de Pétrarque ; dissertation et examen critique des diverses opinions des écrivains qui se sont occupés de cette belle Laure, par Olivier Vitalis. *Paris*, 1842, gr. in-8, d. rel. v., fig.

1037. Explication des cérémonies de la Fête-Dieu d'Aix en Provence. *A Aix*, 1777, in-12, portr., 13 pl., vél. bl. NON ROGNÉ.

« Très-curieux et peu commun. Cet exemplaire porte quelques notes manuscrites de l'auteur, et des corrections de M. D....

« Cet anonyme, inconnu à Barbier, est de Gaspard Grégoire, natif d'Aix. Les figures ont été dessinées par Paul Grégoire, un de ses fils, et gravées par Gaspard, frère de Paul. Ce sont ces deux fils Grégoire qui sont les inventeurs des peintures sur velours. »

(*Note écrite sur la garde du volume.*)

1038. Sur les citoyens nobles de Perpignan, par P. L. Jacob, bibliophile. *Paris*, 1841, in-8, br.

Exempl. sur pap. de Chine d'une dissertation tirée à 50 exemplaires.

1039. Notice d'un manuscrit de la bibliothèque de Wolfenbüttel, intitulé *Recognitiones feodorum*, et où se trouvent des renseignements sur l'état des villes, des personnes et des propriétés en Guyenne et en Gascogne au XIIIe siècle, par MM. Martial et Jules Delpit. *Paris*, 1841, in-4, d. rel., v. f.

1040. Histoire de Sablé par Ménage. *Paris*, 1683, 1 vol. in-fol., d. rel., v. f.

A cet exemplaire sont ajoutés : un second volume manuscrit et inédit, faisant suite au premier volume, et une lettre autographe de Ménage en tête du volume imprimé.

1041. Histoire de Normandie par Orderic Vital, moine de Saint-Evroul, publ. pour la première fois en français par M. Guizot. *Caen*, 1826, 4 vol. in-8, d. rel. toile, n. rog.

1042. Histoire de Normandie, depuis les temps les plus reculés jusqu'à la conquête de l'Angleterre en 1066, par Th. Licquet, avec une introduction par G. B. Depping. *Rouen*, 1835, 2 vol. in-8, cart., d. rel. toile, n. rog. (*Bauzonnet*).

1043. Histoire des ducs de Normandie, par Guillaume de Jumièges, publ. pour la première fois en français par M. Guizot, et suivie de la vie de Guillaume le Conquérant, par Guillaume de Poitiers. *Caen*, 1826, in-8, d. rel. toile, n. rog. (*Bauzonnet*).

1044. Histoire de la Normandie sous le règne de Guillaume le Conquérant et de ses successeurs jusqu'à la réunion de la Normandie à la France, par J. B. Depping. *Rouen*, 1835, 2 vol. in-8, d. rel. toile, n. rog. (*Bauzonnet*).

1045. Recherches archéolog., histor., biograph. et littér. sur la Normandie, par M. Louis du Bois. *Paris*, 1843, in-8, d. rel. toile, n. rog.

1046. La Normandie romanesque et merveilleuse. Traditions, légendes et superstitions populaires de cette province, par Mlle Amélie Bosquet. *Paris*, *Rouen*, 1845, in-8, d. rel. toile, n. rog.

1047. Chartres, ordonnances, lettres patentes, arrêts, jugements et sentences contenans les priviléges des ajusteurs, monoyeurs, etc., tenans garnison en la monnoie de Roüen. *Rouen*, 1761, in-12, mar. r., fil., tr. d.

1048. Mémoires historiques sur la ville d'Alençon et sur ses seigneurs, par Odolant Desnos. *Alençon*, 1787, 2 vol. in-8, fig., v. m.

1049. Notices biographiques et littéraires sur la vie et les ouvrages de Jean Vauquelin de la Fresnaye et Nicolas Vauquelin des Yveteaux, gentilshommes et poëtes normands, 1536-1649 (par M. J. Pichon). *Paris*, 1846, in-8, br.

Tiré à petit nombre; exemplaire en papier vélin.

3. Histoire des pays étrangers.

1050. Les délices de la Hollande, contenant une description exacte de ce pays (par Parival). *Amst.*, 1685, pet. in-12, fr. gr., cartes et plans, v. gr.

1051. Histoire d'Italie, de l'année 1492 à 1532, par Francesco Guicciardini, avec notice biographique par

J. A. C. Buchon. *Paris*, 1836, pet. in-fol., d. rel., v. f.

1052. La conjuration du comte Jean-Louis de Fiesque (par le card. de Retz). *Cologne* (Elzevir, *à la Sphère*). 1665, pet. in-12, m. r., fil., tr. d. (*Trautz-Bauzonnet*).

Charmant exemplaire d'une édition RARE et RECHERCHÉE. H. 4 p. 9 l. 1/2.

1053. Forestiere illuminato intorno le cose più rare, e curiose, antiche e moderne della città di Venezia e dell' isole circonvicine. *In Venezia*, 1740, in-8, pl. nombr., d. rel., mar. br., n. rog. (*Bauzonnet*).

1054. Hist. d'Angleterre de John Lingard, traduction du baron de Roujoux, 2e édit. *Paris*, 1833, 14 vol. in-8, d. rel., toile.

1055. Lettres de Henri VIII à Anne Boleyn, publ. par G. A. Crapelet. *Paris*, 1835, in-8, tr. sup. d., n. rog., portraits, d. rel., mar. r.

1056. Fragments littéraires de lady Jeanne Grey, reine d'Angleterre, trad. en franç. et précédés d'une notice sur la vie et les écrits de cette femme célèbre, par Édouard frères. *Rouen*, 1832, gr. in-8, portr., d. rel., mar. noir.

1057. Recueil pour la rédemption des captifs, savoir :

1° Tableau historique et chronologique de toutes les Rédemptions qui ont été faites par MM. les chanoines Réguliers de la Sainte-Trinité, dits Mathurins, depuis leur origine jusqu'à nos jours, etc., etc.

2° Lettre curieuse d'une personne de Cour, à un de ses amis, sur quelques particularités qui regardent la chapelle roïale du château de Fontainebleau, où s'est faite la cérémonie du mariage du roi d'Espagne.

3° La Confrairie de la très Sainte-Trinité et Rédemption des Captifs.

4° Relation en forme de journal du voïage pour la Rédemption des Captifs, aux roïaumes de Maroc et d'Alger, pendant les années 1723, 1724 et 1725.

5° Liste des Soixante-Dix, rachetés dans le roïaume de Maroc, Sez, Salé, etc., etc., en 1758.

6° Liste des Esclaves rachetés à Tunis et à Alger, etc., etc., en 1779.

7° Liste des trois cent treize Esclaves français rachetés à Alger en 1785. L'ordre de la marche de la Procession étant à Paris, avec toutes les cérémonies qui ont été observées et généralement tout ce qui a été fait à cette occasion.

8° Établissement et habillement des Religieux et Description en partie de leur maison.

9° Supplément contenant pièces latines.

10° Table générale par ordre alphabétique.

1058. Mémoires sur les antiquités de la Perse et sur l'histoire des Arabes avant Mahomet, par Silvestre de Sacy. *Paris*, in-4, br.

III. HISTOIRE DE LA CHEVALERIE ET DE LA NOBLESSE.

1059. De la chevalerie ancienne et moderne, par le P. Fr. Ménestrier. *Paris*, 1683, in-12, v. f., fil. (*Bauzonnet*).

1060. Advis sur la présentation de l'édit de sa maiesté contre la damnable coustume des duels, prononcé au parlement de Tholose. *Paris*, 1604, in-12, d. rel., mar. noir.

1061. Réunion de traictés contre les duels avec les ordonnances et arrests du roy S. Loys, par Jean Savarou, etc. *Paris*, 1614 à 1722, 3 vol. in-8, v. m.

Recueil fort curieux arrangé et annoté par Jamet qui y a inséré plusieurs notes et additions manuscrites de sa main.

1062. Recueil de pièces concernant les duels. In-12, d. rel., perc. bl.

Dont arrest de la court. *Paris*, *Mamert Patisson*, 1599, et autres arrests jusqu'en 1679. — 13 pièces en un carton.

1063. Le véritable art du blason, où les règles des armoiries sont traitées d'une nouvelle méthode plus aisée que les précédentes, par Benoist Coral. *Lyon*, 1659, pet. in-12, fr. et blasons, mar. r., fil., tr. d.

1064. L'art du blason justifié par Cl. Fr. Ménestrier. *Lyon*, 1661, in-12, fr., fig., v. f., fil., tr. d. (*Trautz-Bauzonnet*).

1065. Le véritable art du blason et la pratique des armoiries depuis leur institution, par le P. Cl. Fr. Ménestrier. *Lyon*, 1671, in-12, fr., gr., fig., v, f., fil.

1066. Le véritable art du blason et l'origine des armoiries, par le P. Cl. Fr. Ménestrier. *Lyon*, 1671, in-12, fig., v. f., fil., tr. d. (*Trautz-Bauzonnet*).

1067. Le véritable art du blason ou l'usage des armoiries (par le P. Ménestrier). *Paris*, 1673, in-12, fr., fig., v. f., fil., tr. d. (*Trautz-Bauzonnet*).

1068. Les recherches du blason. Seconde partie de l'usage des armoiries (par le P. Ménestrier). *Paris*, 1673, in-12, fig., v. f., fil., tr. d. (*Trautz-Bauzonnet*).

Charmant exemplaire.

1069. Origine des ornemens des armoiries, par le P. Ménestrier. *Paris*, 1680, in-12, portr., fig., v. f., fil., tr. d. (*Duru*).

1070. Abrégé méthodique des principes héraldiques ou du véritable art du blason, par le P. C. Fr. Ménestrier. *Bordeaux*, 1683, in-12, v. f., fil., tr. d.

1071. Nouvelle méthode raisonnée du blason ou de l'art héraldique, du P. Ménestrier. *Lyon*, 1770, in-8, fr., fig. color., v. f., fil., tr. d. (*Bauzonnet-Trautz*).

Superbe exemplaire, les blasons sont coloriés.

1072. Traité des marques nationales, par Beneton de Morange de Peyrins. *Paris*, 1739, p. in-8, v. gr.

1073. Essais sur la noblesse de France, par le C. de Boullainvilliers. *Amst.*, 1732, in-8, v. gr.

1074. Les diverses espèces de noblesse et les manières d'en dresser les preuves, par le P. Ménestrier. *Paris*, 1683, in-12, fr., fig., v. f., fil. (*Bauzonnet*).

1075. Traité du ban et arrière-ban, de son origine et de ses convocations anciennes et nouvelles, par de La Roque. *Paris*, 1676, in-12, v.

1076. Les tombeaux des personnes illustres avec leurs éloges, généalogies, armes, devises, blasons, par J. Le Laboureur. *Paris*, 1642, pet. in-fol., fig.., fr., gr., v. br. (*Armoiries*).

1077. Oraison funèbre sur le trespas de dame et princesse Françoise d'Alençon, duchesse de Beaumont, douairière de Vendosmois et de Longueville, par

Charles de Saincte-Marthe. *Imprimé à Paris par Regnaud-Chaudière et Claude son fils*, 1550, in-8, mar. rouge, tr. dor. (*Trautz-Bauzonnet*).

Superbe exemplaire avec témoins d'un livre joliment imprimé et très-rare.

1078. Origine des deux compagnies des gentilshommes ordinaires de la maison du roy (avec les noms). *Paris*, 1783, in-8, mar. r., fil, tr. d. (*Anc. rel.*)

IV. ARCHÉOLOGIE.

1079. Discours traitant de l'antiquité, utilité, excellence et prérogative de la pelleterie et fourrure (par Charrier). *Paris*, 1634, in-8, br.

1080. Dissertation sur l'usage de se faire porter la queue (par le P. Ménestrier. *Paris*, 1704, in-12, v. f., fil., tr. d.

1081. La science des médailles (par le P. Jobert). *Paris*, 1715, 2 vol. in-12, fr. v. gr.

Ex. de l'abbé Lebeuf, avec sa signature, et notes et additions de sa main.

1082. Musée secret de Naples. Exempl. extra, dos et coins de mar., n. rogné.

V. HISTOIRE LITTÉRAIRE.

1083. Berington (Joseph), trad. par Boulard : Histoire littéraire des huit premiers siècles de l'ère chrétienne depuis Auguste jusqu'à Charlemagne; Id. des IXe, X^e^, XIe, XIIe, XIIIe et XIVe siècles. — Des Arabes, des Grecs, etc. *Paris*, 1816 à 1823, 7 brochures in-8.

1084. Essai sur l'histoire littéraire du moyen âge, par J. P. Charpentier (de Saint-Prest). *Paris*, 1833, in-8, br.

1085. Histoire de la renaissance des Lettres en Europe, xve siècle, par J. P. Charpentier. *Paris*, 1843, 2 vol. in-8, br.

1086. Tableau littéraire de la France au xviiie siècle, par Vialart-Saint-Morys. *Paris*, 1809, in-8, br.

1087. Tableau littéraire de la France pendant le xviiie siècle, par Jay. *Paris*, 1810. — Essai sur la poésie et les poëtes français aux xiie, xiiie et xive siècles, par Benoiston-de-Châteauneuf. *Paris*, 1815, 2 vol. in-8, br.

1088. Tableau de la littérature française au xviiie siècle, par M. de Barante. *Paris*, in-8, br.

1089. Histoire littéraire d'Italie, par P. L. Ginguené. *Paris*, 1811, 9 vol. in-8, v. rac., fil. dent.

1090. De la littérature du midi de l'Europe, par J. C. L. Simonde de Sismondi. *Paris*, 1819, 4 vol. in-8, v. rac. fil.

1091. Relation contenant l'histoire de l'Académie française (par P. Pélisson). *Paris*, 1753, in-8, v. m., fil. (*Arm. de Daniel Huet, évêque d'Avranches.*)

1092. Recueil des harangues prononcées par MM. de l'Académie françoise dans leurs réceptions et en d'autres occasions différentes depuis l'establissement de l'Académie jusqu'à présent. *Paris*, 1698, in-4, v. gr.

1093. Factum pour Antoine Furetière contre quelques-uns de l'Académie françoise. *Amst.*, 1688. — Les preuves par écrit des faits contenus au procès de Furetière et les Académiciens. *Amst.*, 1694, 2 vol. in-12, fig., v. gr.

1094. L'origine des jeux fleureaux de Toulouse, par M. de Caseneuve, avec la vie de l'autheur, par M. Medon. *Toulouse*, 1659, in-4, fig., v. f.

Dans le même volume : Discours contenant l'histoire des jeux floraux, 1774.

1095. Traité de l'origine des jeux floraux de Toulouse; lettres patentes du roy; brevet du roy, et statuts des jeux floraux (patois toulousain). *Toulouse*, 1715, in-8, v. br.

1096. Histoire des contestations sur la diplomatie avec l'analyse de cet ouvrage, par le P. Mabillon. *Paris*, 1708, in-12, bas.

1097. Essai historique sur la liberté d'écrire, chez les anciens et au moyen âge, sur la liberté de la presse depuis le xve siècle, et sur les moyens de répression dont ces libertés ont été l'objet dans tous les temps, avec beaucoup d'anecdotes et de notes, suivi d'un tableau synoptique sur l'état des imprimeries en France en 1704-39, 1810-30, et d'une chronologie des lois sur la presse, par Gabriel Peignot. *Paris*, 1832, in-8, d. rel., v. ant. (*Rare*).

1098. De l'état réel de la presse et des pamphlets, depuis François Ier jusqu'à Louis XIV, par C. Leber. *Paris*, 1834, in-8, d. rel., v. ant.

Exemplaire en *papier vélin*. — Revue anecdotique et critique des principaux actes de nos rois et de quelques documents curieux ou peu connus sur la publication et la vente des livres dans le xvie siècle.

1099. Choix de testamens anciens et modernes, remarquables par leur importance, leur singularité ou leur bizarrerie, avec des détails historiques et des notes, par Gab. Peignot. *S. l. ni d.*, 2 vol. in-8, d. rel., v. n. rog.

1100. Essai historique, philosophique et pittoresque sur les danses des morts, par E. H. Langlois du Pont-de-l'Arche. *Rouen*, 1851, 2 vol. gr. in-8, br. (154 *planches et de nombreuses vignettes sur bois*).

1101. Notice sur les voyages de Montaigne en Italie, en 1580 et 1581, extr. de la théologie naturelle de Raymond Sebon, trad. par Montaigne (publ. par Aimé Martin). — Visite au château de Montaigne, par Bertrand de Saint-Germain, in-8.

1102. Brochures diverses, savoir :

Visite au *British Museum*, par Vallet de Viriville (notice concernant la littérature du moyen âge). — Quand reviendra notre roi à Paris ? ballade inédite d'Eustache Deschamps, chantée en 1389, in-8°. — Notice sur le manuscrit de la Chronique des Normands et sur l'édition que M. Champollion en a faite pour la Société de l'histoire de France, par Paulin Paris. — Mémoire sur le cœur de Saint-Louis et sur la découverte faite dans la Sainte-Chapelle, par Paulin Paris. — Observations relatives au cœur de Saint-Louis, par Berger de Xivrey. — Notice sur le palais des Thermes et l'hôtel de Cluny, 1836, in-12. — Le marquis de Lassay et l'hôtel de Lassay, par Paulin Paris, in-8°. Mémoire pour servir à l'histoire du village et de l'ancienne seigneurie de Medan, près Poissy, par Jér. Pichon, in-8°. — Recherches historiques sur l'origine et l'usage de l'instrument de pénitence appelé Discipline, par Gab. Peignot — La selle chevalière, par le même, in-8°.

VI. BIBLIOGRAPHIE.

1. Traités généraux ; imprimerie ; bibliographes généraux.

1103. DIBDIN TH. BIBLIOGRAPHICAL DECAMERON. *London*, 1817, 3 vol. gr. in-8, cuir de Russie, tr. d., pl. en bois.

1104. Essai sur les livres dans l'antiquité, particulièrement chez les Romains, par Géraud. *Paris*, 1840, in-8, v. f., fil., tr. d. (*Simier*).

Ce volume qui a été tiré à petit nombre, à part du Bulletin du Bibliophile, est rare aujourd'hui.

1105. Traité des plus belles bibliothèques de l'Europe, par Le Gallois. *Paris*, 1680, in-12, v., gr.

Exemplaire de Jamet avec sa signature et notes de sa main. Il a appartenu aussi à l'abbé de Saint-Léger qui l'a aussi annoté.

1106. Origines typographicae, Gerardo Meerman auctore. *Hagae Comitum*, 1765, 2 t. en 1 vol. in-4, portr., v. f., fil. (*Ex. gr. pap.*).

1107. Débuts de l'imprimerie à Strasbourg, ou recherches sur les travaux mystérieux de Guttemberg et sur le procès qui lui fut intenté en 1439 à cette occasion, par M. Léon de Laborde. *Paris*, 1840, gr. in-8, br.

1108. Manuel typographique utile aux gens de lettres, par Fournier. *Paris*, 1764, 2 vol, in-8, portr., fig., tabl., mar. r., fil., tr. d. (*Derome*).

Bel exemplaire.

1109. Manuel du Bibliophile, ou traité du choix des livres les plus propres à former une collection précieuse et peu nombreuse (par Gabr. Peignot), 2e édition augmentée. *Paris*, 2 vol. in-8, d. rel. v.

1110. Bibliographie biographique ou dictionnaire de 26,000 ouvrages, tant anciens que modernes relatifs à la vie publique et privée des hommes célèbres de tous les temps et de toutes les nations, depuis le commencement du monde jusqu'à nos jours, par Édouard-Marie Oettinger. *Leipzig*, 1850, in-4, perc. gauf.

1111. Jugements des savants sur les principaux ouvrages des auteurs, par Adrien Baillet. *Amst.*, 1725, 17 vol. in-12, portr., v. m.

1112. Clément : Bibliothèque curieuse, etc., etc. *Gottingen*, 1750, 6 vol. in-4, vél. (*Bel ex.*).

1113. La bibliothèque choisie de M. Colomiés, avec des notes de MM. Bourdelot, de la Monnoye et autres, et quelques opuscules du même Colomiés. *Paris*, 1731, in-12, v. gr.

Avec une note aut. de Chardon de la Rochette, indiquant que cet exemplaire ayant été communiqué à l'abbé de Saint-Léger, il s'y trouve plusieurs notes de sa main.

1114. Musaeum typographicum, seu collectio in qua omnes fere libri rarissimi, notatuque dignissimi accurate recensentur a Rebude. *Parisiis*, 1755, in-12, mar. citron, fil., tr., d. (*Aux armes de Bonnier de la Mosson*).

Ce petit volume, dont l'auteur est Guill. Fr. Debure, n'a été tiré qu'à 12 exemplaires. Celui-ci porte sur le titre la signature de l'auteur.

1115. Bibliothèque curieuse et instructive de divers ouvrages anciens et modernes de littérature et des arts (par le P. Ménestrier). *Trévoux*, 1704, 2 t. en 1 vol. in-12, mar. r., tr. d.

1116. Analecta biblion ou extraits critiques de livres rares, oubliés ou peu connus par le cabinet du marquis Du Roure. *Paris*, 1836, 2 vol. in-8.

Exemplaire en *papier vélin*.

1117. Bulletin du Bibliophile, revue mensuelle publiée par J. Techener, avec le concours de gens de lettres et de bibliophiles, contenant des notices bibliographiques, philologiques et littéraires. Années 1834 à 1854 inclus. 10 vol. dos et coins de mar. roug., non rognés, les années 1846 à 1854, broch.

Exemplaire complet des tables et des figures. Collection épuisée et qui ne se trouve plus dans le commerce pour les premières années.

1118. Dictionnaire des ouvrages anonymes et pseudonymes, accompagné de notes historiques et critiques. *Paris*, 1822, 4 vol. — Nouveau recueil (supplément) par de Manne, 1834, 1 vol., ensemble 5 vol. in-8, d. rel., mar. bl., n. rog.

Ces cinq volumes sont reliés uniformément et interfoliés de papier blanc.

1119. Le guide des Arts et Sciences et promptuaire de tous livres tant composez que traduicts en françois (par Phrt. Mareschal). *Paris*, 1598, in-8, vél., fil., tr. d. *(Trantz-Bauzonnet)*.

Livre curieux. Le titre est raccommodé.

1120. Deux dissertations, l'une sur les bibles françaises et l'autre sur l'éclaircissement ou phénomène littéraire et lettres critiques, par N. Indès. *Paris*, 1710, in-12, br.

1121. Bibliothèque historique de la France, par J. Lelong et Fevret de Fontette, *Paris*, 1768; 5 vol. in-fol., v. m., fil. *(très-bel ex. en gr. pap.)*.

1122. La France littéraire (rédigée par l'abbé d'Hébrail, de Castelnaudary). *Paris*, 1758, 59 et 60, pet. in-12, v. j.

Cet exemplaire, qui a appartenu à Jamet, est chargé de notes de sa main.

1123. Sur les manuscrits relatifs à l'Histoire de France et à la littérature française, par P. L. Jacob, bibliophile. *Paris*, 1839, in-8, br.

Exempl. sur papier de Chine d'une dissertation tirée à 50 exempl.

1124. Conseils pour former une bibliothèque historique de la Suisse, par Haller. *Berne*, 1771, in-12, d. rel., mar. v., n. rog. *(Bauzonnet)*.

Nombr. notes et additions manuscrites de la main de l'abbé de Saint-Léger.

1125. A Catalogue of Books of Henry Bohn. (Guineas catalogue). *London*, 1841, 1 gros vol. gr. in-8, d. rel. mar.

2. Catalogues (manuscrits imprimés).

1126. Les manuscrits françois de la bibliothèque du roi, par Paulin Pâris, membre de l'Institut. *Paris*, 1836-1848, 7 vol. gr. in-8, d. rel., v. f. *(Koehler)*.

Exemplaire en *grand papier vélin*. — Chaque volume contient une table des ouvrages renfermés dans les manuscrits, et une autre des noms de lieux et de personnes.

1127. Notice des manuscrits de quelques bibliothèques des départements, par M. G. Libri. *Paris*, 1842, in-4, d. rel., v. ant., n. rog.

1128. Catalogue d'une partie des livres composant la bibliothèque des ducs de Bourgogne au XVe siècle, 2e édition revue et augmentée du catalogue de la bibliothèque des Dominicains de Dijon, rédigé en 1307, avec détails historiques, philolog. et bibliograph., par Gabriel Peignot. *Dijon*, 1841, in-8, d. rel., v. f., n. rog.

1129. Museum Italicum seu collectio veterum scriptorum ex biblioth. Italicis, eruta à D. Johanne Mabillon et D. Michaeli Germain. *Lut.-Paris.*, 1724, 2 vol. in-4, v. m. *(bel ex.)*.

1130. Catalogue descriptif des manuscrits de la bibliothèque de Lille, par Ed. Leglay. *Lille*, 1848, in-8, d. rel., n. rog.

1131. Description bibliographique et analyse d'un livre unique qui se trouve au musée britannique, par Tri-dace-Nafé-Theobrome, gentilhomme breton (Octave Delpière). *An Meschacébé, chez el eriarbil; York-Street*, 1849, pap. de Holl., gr. in-8, br.

Tiré à 100 exemplaires non destinés au commerce.

1132. Notices (5) histor. et crit. de deux manuscrits, uniques et très-précieux, de la biblioth. de M. le duc de La Vallière, dont l'un a pour titre : *La Guirlande de Julie*, et l'autre : *Recueil de Fleurs et Insectes, peints par Daniel Rabel, en* 1624, etc., par l'abbé Rive. *Paris*, 1779, in-4, v. f., fil.

1133. Catalogue des manuscrits trouvés après le décès de Mme la Princesse, dans son château royal d'Anet (avec quelques prix ms.). *S. l. ni d.*, in-12, v. f., fil., tr. d. (*Bradel-Derome*).

Rare et très-curieux catalogue.

1134. Catalogue des livres de la bibliothèque de MM. du Châtelet. *Paris*, 1776, in-4, v. gr.

1135. Catalogue des livres de M. L. C. D. L. (L. Camus de Limare). *S. l.* 1779, in-12, mar. r., fil., tr. d. (*rel. molle*).

1136. Catalogue des livres de M. le duc de La Vallière, avec les prix et une table des noms des auteurs, graveurs, peintres, écrivains, etc., et des titres de leurs ouvrages. *Paris*, 1783, 3 vol. in-8, portr. — Catalogue de M. le duc de La Vallière, 2e partie, disposée par Jean-Luc Nyon, l'aîné. *Paris*, 1788, 6 vol. in-8, ens. 9 vol. in-8, mar. r., fil., tr. d. (*Derome*).

1137. Catalogue des livres curieux, rares et précieux, composant la bibliothèque de M. Ch. Nodier. *Paris*, 1829, in-8, br.

Ce Catalogue, dans lequel on trouve un certain nombre de notes analytiques, est peu commun.

1138. Description raisonnée d'une jolie collection de livres. *Paris*, 1844, gr. in-8, d. rel., v. f.

Exemplaire en *grand papier vélin*. — Ce catalogue de la bibliothèque de Charles Nodier, rédigé par lui-même et enrichi de notes bibliographiques et littéraires, est précédé d'une introduction par M. Duplessis; de la vie de Ch. Nodier, par Francis Wey; d'une notice bibliographique sur ces ouvrages, de trois tables et des prix de la vente.

1139. Catalogue de la riche bibliothèque de Rosny, appartenant à Mme la duchesse de Berry. *Paris*, 1837, in-8, d. rel., vél., n. rog.

Avec les prix et les noms des acquéreurs.

1140. Catalogue des livres rares et précieux de la bibliothèque de M. le comte de La Bédoyère. *Paris*, 1837, in-8, d. rel., v. ant., avec la table des auteurs et les prix imprimés.

1141. Bibliothèque de M. Guilbert de Pixérécourt, avec des notes littéraires et bibliographiques de ses deux excellents amis Charles Nodier et Paul Lacroix. *Paris*, 1838, 4 part., gr. in-8, br.

Exemplaire en *grand papier vélin* et au *grand complet*; contenant les livres, la partie concernant la Révolution française, les autographes et la liste des prix.

1142. Catalogue des livres imprimés, manuscrits, estampes, dessins et cartes à jouer composant la bibliothèque de C. Leber, avec des notes par le collecteur. *Paris*, 1839, 3 vol. gr. in-8, fig., d. rel., v. f., et le 4e, qui renferme le supplément et la table, broché.

Exemplaire en *grand papier*.

1143. Catalogue de la bibliothèque de M. le comte de Boutourlin. *Paris*, 1839, in-8, d. rel., mar. r. *(Thompson)*.

1144. Catalogue d'une collection de très-beaux livres, tant anciens que modernes, du cabinet de MM. AA. et W. (Wurts et Audenet). *Paris*, 1841, in-8, d. rel., vél., n. rog.

Avec les prix. Bibliothèque composée de livres rares, curieux, en belles conditions, et d'un choix de livres imprimés sur vélin.

1145. Bibliothèque de M. Aimé Martin, composée de livres anciens et rares. *Paris*, 1847, in-8, br.

Un des quelques exemplaires en papier de Hollande ; avec les prix.

1146. Catalogue des livres rares et précieux composant la bibliothèque de M. le baron Taylor. *Paris*, 1848, gr. in-8, br., avec les prix.

Un des 20 exemplaires en papier de Hollande.

1147. Catalogue d'une précieuse collection de livres anciens, rares et précieux, en beaux exemplaires et particulièrement remarquable par un choix d'ouvrages sur l'histoire de Lorraine, provenant du cabinet de M. Ch. B. de V. (Charles Buvignier). *Paris*, 1849, in-8, br. (*avec les prix*).

Un des 5 exemplaires imprimés sur papier de Hollande.

1148. Catalogue des livres composant la bibl. de M. le lieutenant général Despinoy, avec une notice biographique et littéraire. *Paris*, 1849, gr. in-8, br., avec les prix.

Un des 20 exemplaires tirés sur papier de Hollande.

1149. Catalogue des livres rares et précieux de la biblioth. de M. E. Baudelocque. *Paris*, 1850, in-8, br., avec les prix de vente.

1150. Catalogue raisonné d'une collection de livres, pièces et documents relatifs aux Arts et Beaux-Arts, réunie par Jules Goddé, avec des notes du collecteur. *Paris*, 1850, in-8, br., avec table des auteurs et prix de vente.

1151. Catalogue de la bibliothèque de M. Libri. *Paris*, 1847, in-8, d. rel., vél., n. rog., avec les prix de la vente imprimés.

1152. Catalogue des livres, la plupart rares et curieux, provenant de la bibliothèque de M. Libri. *Paris*, *Tilliard*, 1855, in-8, br., (*avec les prix*).

1153. Bibliotheca spenceriana; or a descriptive catalogue of the books printed in the fifteenth century, and of many valuable first editions, in the library of George John Earl Spencer, by the Reverend Frognall Dibdin. *London*, 1814. — Aedes althorpianae; or an account of the mansion, books, and pictures, Althorp, the residence of G. I. Carl Spencer. *London*, 1822. — A descriptive catalogue of the books, of the library of the duke di Cassano Serra, and now the property of Carl Spencer. *London*, 1824, ensemble 7 vol. imper. in-8, cuir de Russie, fil., n. rog.

Superbe exemplaire provenant de la bibliothèque de M. Armand Bertin; cette collection si magnifiquement imprimée, si splendidement illustrée, est un des plus beaux monuments élevés à l'étude des livres.

1154. A catalogue of the library of George Hibbert, esq. by Mr. Evans. *London*, 1829, in-8, portr., fig., cart.

1155. Catalogue of the library of the late Richard Heber, Esq. *London*, 1834, 11 vol. in-8, cart., n. rog.

3. Livres condamnés par arrêts.

1156. Ordonnãces contre les livres cõtenantz doctrines nouvelles et hérétiques et aussi touchant le faict et estat des libraires et imprimeurs; publiées à son de trõpe par les carrefours de la ville de Paris, le samedy 1er iour de juillet l'an 1542 avec les admonitions dicernées tãt par l'inquisiteur de la foy par l'ordõnãce de la court que de l'official de Paris cõtre tous ceulx et celles qui scavent ou soustiennẽt aucuns soubsõnez de hérésie et qui ont aucuns livres repprouvez ou de mauvaise doctrine publiées par les parroisses de Paris, les dimenches XVIe et XVIIe iours de juillet audict an. *Paris*, in-12, goth., mar. r., tr. d. (*Duru*).

1157. Recueil de diverses pièces, de 1513 à 1664, imprim. et mss. Envir. 89 pièces dans un carton in-4.

Imprimerie. — Librairie. — Priviléges, etc.

1158. Recueil de pièces diverses, de 1617 à 1817. Envir. 132 pièces dans un carton in-4.

Imprimeurs et libraires. — Arrêts et règlements.

1159. Recueil de diverses pièces, de 1618 à 1808. Envir. 29 pièces impr. et mss. dans un carton in-4.

Relative à l'imprimerie et à la librairie, etc.

1160. Recueil de pièces, de 1608 à 1642, en 1 vol. in-12 vél. Environ 35 pièces.

Dont : Arrêts de la cour du Parlement ; — de la cour des Aides ; — du conseil d'État du roy ; — sur les dîmes, les tailles, l'armée, etc., etc.

1161. Recueil de diverses pièces, de 1665 à 1700. Environ 63 pièces dans un carton in-4.

Arrêts, condamnations de livres et censure ecclésiastique.

1162. Recueil de pièces diverses, de 1701 à 1725. Envir. 125 pièces imp. et mss. en un carton in-4.

Arrêts de la cour du Parlement. — Condamnations ecclésiastiques, etc., etc.

1163. Recueil de diverses pièces, de 1726 à 1749, imp. et mss. Envir. 78 pièces dans un cart. in-4.

Arrêts de la cour du Parlement contre les livres, libelles, etc. — Condamnations d'écrits, etc.

1164. Recueil de diverses pièces, de 1750 à 1759, imp. et mss. dans un carton in-4.

Condamnations de livres. — Censure.

1165. Damnatio librorum. Acta sacræ facultatis Parisiensis ab anno 1759 ad 1781. In-4, v. m.

Recueil de mandements et arrêts contre des livres, etc.

1166. Recueil de pièces diverses, de 1760 à 1770. Environ 85 pièces dans un carton in-4.

Suppression et condamnation de livres et libelles. — Censure.

1167. Recueil de diverses pièces, de 1771 à 1780. Envir. 113 pièces dans un carton in-4.

Relatives à la suppression, condamnations d'écrits, livres, libelles. — Censure, etc.

1168. Recueil de pièces diverses, de 1781 à 1791. Envir. 108 pièces dans un carton in-4.

Suppression d'écrits, de livres. — Imprimeurs et libraires.

1169. Recueil de pièces diverses. Environ 60 pièces impr. et mss.

Arrêts et mandements, etc.

VII. BIOGRAPHIE. — JOURNAUX.

1170. OEuv. de Plutarque et vie des hommes illustres, de la traduction d'Amyot. *Paris, Vascosan*, 1567-74; 13 tom. en 23 vol. pet. in-8, mar., tr. d. (*anc. rel.*).

Exemplaire de Mme de Pompadour, à ses armes.

1171. Les éloges et vies des reynes, princesses, dames et demoiselles illustres en piété, courage et doctrine, qui ont fleury de nostre temps et du temps de nos pères, avec l'explication de leurs devises, emblemes, hyeroglipes et symboles, par F. Hilarion de Coste. *Paris*, 1630, in-4, mar. r., fil., comp., tr. d. (*anc. rel.*).

1172. Histoire chronologique de plusieurs grands capitaines, princes, etc. (par Malingre). *Paris*, 1617, in-8, v. f., fil., tr. d. (*Kœhler*).

1173. Notes historiques sur la vie de Molière, par feu M. Bazin, auteur de l'histoire de Louis XIII; publ. et précéd. d'une introduction par Paulin Pâris, de l'Institut. *Paris*, 1851, in-12, d. rel.

1174. Les Femmes célèbres, de 1789 à 1795, et leur influence dans la révolution, pour servir de suite et de complément à toutes les histoires de la révolution française, par Ed. Lairtullier. *Paris,* 1840, 2 vol. in-8, d. rel.

1175. Table générale alphabétique et raisonnée du *Journal historique de Verdun,* depuis 1697 jusqu'en 1756 (par Dreux de Radier). *Paris,* 1759, 9 vol. pet. in-8, d. rel., bas.

TABLE MÉTHODIQUE.

THÉOLOGIE ET HISTOIRE DES RELIGIONS.

I. THÉOLOGIE.

II. HISTOIRE DES RELIGIONS.

JURISPRUDENCE.

SCIENCES ET ARTS.

I. SCIENCES PHILOSOPHIQUES, MORALES, PHYSIQUES, MÉDICALES ET MATHÉMATIQUES. — SCIENCES OCCULTES.

II. ARTS.

BELLES-LETTRES.

I. LINGUISTIQUE ET RHÉTORIQUE.

II. POÉSIE.

III. POÉSIE DRAMATIQUE.

IV. FICTIONS EN PROSE.

V. PHILOLOGIE.

VI. POLYGRAPHIE.

HISTOIRE.

I. INTRODUCTION ; VOYAGES ; HISTOIRE UNIVERSELLE ANCIENNE.

II. HISTOIRE MODERNE.

PROFESSIONS LIBÉRALES.

ARTS ET MÉTIERS.

III. HISTOIRE DE LA CHEVALERIE ET DE LA NOBLESSE.

IV. ARCHÉOLOGIE.

V. HISTOIRE LITTÉRAIRE.

VI. BIBLIOGRAPHIE.

VII. BIOGRAPHIE. — JOURNAUX.

FIN DE LA TABLE.

TYPOGRAPHIE DE CH. LAHURE
Imprimeur du Sénat et de la Cour de Cassation
rue de Vaugirard, 9.

www.ingramcontent.com/pod-product-compliance
Ingram Content Group UK Ltd.
Pitfield, Milton Keynes, MK11 3LW, UK
UKHW020338230726
13925UKWH00003B/855